FUISTE LLAMADO A LAS NACIONES

DESARROLLA EL CARÁCTER QUE SE REQUIERE

Todos los derechos reservados.

A menos que se indique lo contrario el texto bíblico ha sido tomado de la Santa biblia versión Reina Valera

& Nueva versión Internacional.

No se autoriza la reproducción de este libro sin permiso previo por escrito del autor.

978-0692525760

ISBN-10: 0692525769

FUISTE LLAMADO A LAS NACIONES

Copyright ©2015 by Madelyne Livent

Impreso en los Estados Unidos De América

Editorial Big Dreams

Fuiste Llamado a las Naciones

Índice

Introducción.................. Pág. 6

Que es el llamado al ministerio.................Pág. 9

Como reconocer el llamado............................ Pág. 13

Qué hacer cuando escuchas el llamado................. Pág. 16

Visión.. Pág. 20

Como lidiar con la crítica y el menosprecio.................Pág. 26

Confía en Dios............................... Pág. 29

Proceso................................. Pág. 32

Persiste en medio del proceso........................Pág. 35

Características de un transformador de naciones............Pág. 39

Pasión por Dios............................. Pág. 40

Fortaleza y Valentía...........................Pág. 45

Pureza de Corazón............................Pág. 81

Humildad............................. Pág. 91

Humildad de Corazón................ Pág. 93

Que no es humildad........................ Pág. 102

Compromiso..............................Pág. 106

Como actúa un verdadero líder.. Pág. 108

Integridad..pág. 113

Características de un Cristiano integro..................... Pág. 117

Dominio propio... Pág. 120

Enfócate... Pág. 125

Peligros de la distracción........................ Pág. 130

Sacrificio & trabajo duro................................. Pág. 133

Perseverancia............................... Pág. 138

Aprende a conocer a Dios............................. Pág. 142

Intimidad con Dios........................ Pág. 149

El ayuno una herramienta poderosa.......................Pág. 154

Usted necesita a Dios........................ Pág. 156

Acab ayuno........................... Pág. 161

Judá ayuno........................... Pág. 163

Como hacer un ayuno eficaz.............................. Pág. 166

Dedicatoria

Dedico este libro al Espíritu Santo quien es mi guía y ayudador cada día en este caminar. Él es mi fortaleza en la debilidad quien me Consuela en los momentos en que la carga se hace pesada, Gracias Espíritu Santo.

A cada uno de mis hijos e hijas espirituales a nivel mundial bajo la cobertura del Concilio Las Iglesias del Rey Incorpórate.

Madelyne Livent

Apóstol & Profeta, Presidenta del
Concilio las Iglesias del Rey Inc.

Introducción

Este libro está diseñado para ayudarte a desarrollar las características de un transformador de naciones. Debes combinar este libro con los videos del programa Renace de Oruga – Mariposa de lunes – viernes 9:00 am donde juntos en vivo estudiamos cada lección de este libro con las cuales recibiras una impartición fresca de parte del Espiritu Santo. El programa Renace te ayudara a entender mucho mejor lo que Dios desea hacer en tu vida atraves de este libro. Visita Facebook.com/profetamadelynelivent para ver el programa.

Dios está buscando personas listas para levantarse y resplandecer. Dios está buscando a alguien que pueda cooperar con la agenda de Dios y pueda olvidarse de su propia agenda. Este libro está diseñado para ser junto al Espíritu Santo una guía para ti en este proceso de responder adecuadamente al llamado. Hoy es el comienzo de una nueva vida para ti y lo digo porque hoy comienza el proceso de un serio compromiso de parecerte cada día más a Jesús. Cuando Dios te llama a las naciones es un compromiso mayor porque debes ser ejemplo para otros, es diferente porque Dios pondrá personas bajo tu cuidado y esto significa que ya solo no eres tú sino que debes pensarlo muy bien a la hora de la debilidad que con toda seguridad llegara. Debes ser fuerte y seguir porque largo camino te resta. El profeta Elías es un gran ejemplo el cual puedo mencionar en este momento.

Todos sabemos de su depresión y de su cueva en la cual se sentía perdido, desanimado y sin fuerzas para seguir adelante pero Dios le dijo levántate y come porque lago camino te resta.

Él debía ungir a Eliseo y hacer otras cosas que el señor deseaba que el hiciera su vida no podía terminar en derrota ni en quebrantamiento. Dios lo diseño para terminar en Victoria y en poder. Dios nunca te dejara morir en tu momento de debilidad porque tú no naciste para que tu final sea en dolor ni quebrantamiento tu historia tiene un buen final. Dios está buscando personas no que encajen en todo lugar y con todas las personas sino personas listas para marcar la diferencia. Personas que sepan cuál es su misión y que a pesar de su temor y depresión tengan la fortaleza de levantarse y terminar la obra que les fue encomendada hacer tal como lo hizo alias. Dios te usara para hacer depósitos importantes en la vida de otras personas pero debes dejar el temor. Dios no te ha dado un espíritu de cobardía sino de poder y de dominio propio. El dominio propio es una de las características que te menciono más adelante ya que es vital para poder llegar y sobretodo mantenerte en el lugar que Dios tiene designado para ti. A medida que lees este libro y vas aplicando los principios bíblicos que te menciono Dios te estará sacando de tu zona de comodidad para que puedas entrar en lo Nuevo que Dios designo para tu vida. Te aconsejo leerlo junto a una amiga o un amigo para que juntos puedan compartir, orar y aplicar lo que aprendan día a día. Comprométete a leer cada día este libro ya que en cada enseñanza te estaré retando a hacer cosas diferentes para ayudarte a desarrollar el carácter de un transformador de naciones. Una vez más te exhorto a leerlo junto a un amigo o amiga asi como Pablo tenia a silas tu tambien necesitas un silas para que juntos puedan salir y cambiar el mundo para cristo.

Compromiso

Nos comprometemos a estudiar este libro junto a la guía del Espíritu Santo cada día Y a aplicar los principios bíblicos para desarrollar el carácter que Dios desea que tenga. Yo declaro que podre alcanzar y cumplir con el llamado que Dios estableció para mi desde antes de la fundación del mundo.

Su Firma_____

Firma del compañero de lectura

_____

Testigo_____

Que es el llamado al ministerio

El ministerio es un regalo de Dios, dado a la iglesia. "El mismo constituyó a unos apóstoles; a otros profetas; a otros, evangelistas; a otros, pastores y maestros, a fin de perfeccionar a los santos para la obra del ministerio para la edificación del cuerpo de Cristo." (Efesios 4:11-12). Los dones para este ministerio son otorgados por Dios y los hombres están enviados a su obra por Dios mismo en respuesta a las oraciones de los santos. Vea Romanos 12:6-7, Lucas 12:1-28

Por eso, el ministerio no es elegido como los hombres eligen un oficio, basado sobre su preferencia o interés personal. Es algo que uno acepta en obediencia. El estar consciente de esto es imprescindible para calificarse para la obra. La importancia que las Escrituras ponen en la obra del ministerio implica la distinción entre el llamamiento al ministerio y el de elegir un oficio. Se puede expresar esta distinción de la siguiente manera. En cuanto al pastor, su obra es una en la cual su consciencia le obliga; él siente que es su deber hacerlo y, al contrario, se sentiría culpable. En cuanto a aquel que elige un oficio, es un asunto de talentos, preferencia e interés, él siente que es sabio para elegir dicho oficio pero no hay en él un sentido de obligación o de que sería culpable si no lo elige. Sin embargo en el que tiene llamado hay el sentido de obligación, como Pablo manifestó cuando dijo; "Me es impuesta necesidad; y ¡ay de mí si no anunciare el evangelio!" (I Cor. 9:16) En cuanto a elegir un oficio, hay un sentido de lo que es recto y sabio y la aprobación divina pero el no hacerlo no sería rebelión en contra de Dios.

Hay dos extremos que se debe evitar en cuanto a la manifestación del llamamiento al ministerio. Por un lado están los que piensan que el llamamiento constituye una preferencia por tal ministerio y resulta porque algunos que están inclinados hacia la literatura o intereses personales buscan la obra del ministerio sin ser llamados por Dios. Hay otros que piensan que nadie debe entrar al ministerio sin una manifestación sobrenatural, como una voz del cielo junto con una lucha mental en busca de dirección divina. Si no pasan por semejantes experiencias piensan que no están llamados. Resulta que hay los que se equivocan y pierden. Pierden su verdadera misión de la vida. A la verdad, el llamamiento es divino y lo mismo pasa con la salvación. Ninguno de los dos es siempre acompañado por una manifestación sobrenatural. El llamamiento es confirmado por la oración, nuestra experiencia y estudio de la Palabra de Dios. Debemos ayudar a los creyentes a meditar con cuidado y preguntarse si puede ser que Dios los está llamando al ministerio. Un pastor debe tener sabiduría y discernimiento al animar y guiar a los creyentes a buscar la dirección de Dios en cuanto a su misión en la vida. Usted mismo es responsable de buscar saber cuál es la voluntad de Dios y cuál es su misión en la vida por eso quiero instruirle en 3 maneras fundamental según la biblia en la que podemos conocer la voluntad de Dios. La primera es la misma biblia Salmo 119:105 dice Tu palabra es lámpara a mis pies; es luz a mi camino. Es evidente que no todo lo que concierne a nuestra vida lo podemos encontrar en la biblia, pero en ella podemos encontrar principios que nos ayudan a saber lo que Dios piensa en cada circunstancia. Además es Bueno tener claro que Dios nunca se contradice así mismo, por lo cual su voluntad actual es exactamente la misma que fue siempre.

La segunda es la oración: 2 crónicas 7:14 dice si mi pueblo que lleva mi nombre se humillara y orara y buscara mi rostro y abandonara su mala conducta, yo escuchare desde los cielos, perdonare su pecado y restaurare su tierra. Cuando oramos podemos tener una vista de la situación desde arriba y nos acercamos al Corazón de Dios. En la oración genuina y profunda se nos revela el Corazón de Dios ósea que si todavía no conoces la voluntad de Dios es porque necesitas agregarle más oración a tu vida. Por supuesto ahí facetas de Dios que las tendremos que conocer atraves de nuestro caminar con él y de procesos. La tercera es buscando el consejo de personas cristianas sabias: Proverbios 11:14 dice Donde no hay dirección sabia, caerá el pueblo; más en la multitud de consejeros hay seguridad. Consulta con tus pastores. Escúchalos. Acércate a tus líderes. Escucha a tus padres y discute los temas importantes con personas de experiencia ministerial nunca te quedes con una sola opinión, hay mucha gente sin visión que puede mal aconsejarte solamente enfocándose en lo que se ve en el momento y no en lo que Dios puede llegar a desarrollar en ti. Así que puedes evitar la tristeza que resulta de no encontrar el plan de Dios para tu vida. Algunos ocupan su vida en un oficio secular cuando deben estar en la obra del Señor.

Ocupar un oficio secular no es malo de hecho es muy bueno y hay personas llamadas a eso a tener una vida normal y simplemente tocar y marcar la diferencia en su trabajo o comunidad pero si eres un llamado a las naciones debes estar consciente de que esto significa que no podrás tener un trabajo secular estable y que tu fuente de ingresos no será un cheque semanal, sino que como la viuda debes buscar que tienes en casa y todos como ella al principio pensamos que no tenemos nada pero luego recordamos ohh !!Si!! Si tengo una vasija con un poquitito de aceite. Ese aceite representa la unción de Dios los dones que ahí dentro de ti, representa lo que puedes desarrollar en favor del reino y en tu favor. Cuando la viuda vendía su aceite ella estaba supliendo una necesidad que había en aquellos que compraban su aceite y al mismo tiempo estaba supliendo su propia necesidad. Tal vez tu aceite es poco ahora pero Dios multiplicara lo que pongas en su mano. Si lo poco que tienes lo pones en sus manos el hará una fuente en la cual constantemente podrás llenar tu vasija. Llenar tu vasija requiere un sacrificio y es encerrarte; el profeta le dijo a esta viuda ve y enciérrate, debes encerrarte con Dios cada vez que puedas para llenar tu vasija y poder salir a vender el aceite multiplicado para que puedas pagar tus deudas y vivir con lo que te sobre por el resto de tu vida.

Como Reconocer el Llamado

Llamado en el corazón

El llamamiento de Dios se manifiesta en el corazón es un deseo fijo y honesto por la obra. "Palabra fiel: si alguno anhela obispado, buena obra desea. " (I Tim. 3:1) hace falta el deseo y la pasion. Necesitas pasión fracasará si no tienes un gran entusiasmo por la obra que Dios te esta llamando hacer. Es muy necesario que a usted le encante predicar, que le guste componer mensajes, y que el estudiar le sea placentero. Además, hace falta que también esté plenamente convencido de que el bienestar eterno de los hombres depende de su relación con Dios. Usted debe tener un gran amor por Cristo y por la obra de Dios. Pablo dijo; "Pero de ninguna cosa hago caso, ni estimo preciosa mi vida para mí mismo, con tal que acabe mi carrera con gozo, y el ministerio que recibí del Señor Jesús, para dar testimonio del evangelio de la gracia de Dios." (Hechos 20:24)

Un llamado al ministerio debe sentir de continuo un anhelo y obligación de predicar el evangelio. Pablo dijo; "Porque, me es impuesta la necesidad, y ¡ay de mí si no anunciare el evangelio!" (I Cor. 9:16) Puede ser que no siempre sentirá el mismo imperativo intensivo por la obra pero siempre debe sentirlo, cuanto más se acerca a Dios, tanto más va a sentir la aprobación e impulso de Dios. Por eso, para confirmar su misión en la vida, hace falta mucha oración y el testimonio del

Espíritu de Dios de que estamos en su voluntad. Hace falta también un sentimiento de debilidad, de indignidad y de que la realización tiene que depender de todo corazón en el poder de Dios. Esto, y nada más, es una prueba infalible. Los jóvenes, por naturaleza, tienen mucha confianza en sí mismo. Muchos obreros, usados por Dios, han llegado a esta realización después de una serie de fracasos. Pablo dijo; "Y Tal confianza tenemos mediante Cristo para con Dios; no que seamos competentes por nosotros mismo para pensar algo como de nosotros mismos, sino que nuestra competencia proviene de Dios, el cual asimismo nos hizo ministros competentes de un nuevo pacto, no de la letra, sino del espíritu; porque la letra mata, más el espíritu vivifica."

Debe estar bien confirmado en cuanto a sus creencias, tener un fundamento bíblico fuerte para que cuando vengan las olas no puedan derribar su casa. Debes tener una dependencia total en Dios. Usted tiene que retener "la forma de las sanas palabras." (II Tim. 1:13) y hablar "lo que está de acuerdo con la sana doctrina." (Tito 2:1) Aquel que no está firme en cuanto a sus creencias religiosas o que se inclina hacía doctrinas anti bíblicas no tiene un lugar en el púlpito. El resultado de su obra casi siempre es destructivo para la verdad. Debemos tomar en cuenta que al llevar un mensaje, nos convertimos en mensajeros y que no somos el mensaje ya que el mensaje es Jesucristo.

Es posible que las circunstancias traten de impedirle entrar en el ministerio pero las dificultades no deben ser interpretadas como una indicación de que Dios no lo está llamando.

Al contrario cuando hay oposición es una señal que confirma tu llamado. Sin oposición no hay bendición. Muchas veces las dificultades sirven únicamente para humillar, educar y preparar a uno para la obra del ministerio. Muchas veces el buen carácter e integridad son el resultado de haber pasado por luchas al prepararse para el ministerio. Dios ha prometido guiar a los que buscan su dirección. El Salmo 37:23 dice; "Por Jehová son ordenados los pasos del hombre." Santiago 1:5 dice también; "Si alguno de vosotros tiene falta de sabiduría, pídala a Dios, el cual da a todos abundantemente y sin reproche, y le será dada." Para el hombre que pasó tiempo en oración, El llamado de Dios viene a través de los eventos de la vida. La dirección del Espíritu son carteles en el camino que dice, "Este es el camino. Andad por él."

Nadie debe entrar al ministerio sin estar consciente de haber tenido un llamado divino. Aparte de ello, el que se mete en el oficio de ser un embajador sin nombramiento es culpable de presunción. Dios no le ha enviado y él se va sin un mensaje divino. Sin el llamamiento usted carecera de coraje y el denuedo de aquel que está consciente de ser el mensajero de un mensaje de Dios. La valentía en el púlpito exige el estar consciente de ser un mensajero de Dios. Sin un llamamiento divino, uno no va a estar preparado para enfrentarse con las disciplinas y exigencias del ministerio. Desilusiones y desalientos vienen y el hombre y la mujer de Dios tiene que apoyarse sobre la seguridad de haber sido llamado por Dios al ministerio. Si no tiene esta seguridad vivirá con un espíritu quebrantado o, lo más probablemente es que abandonará el ministerio.

Qué Hacer Cuando escuchas el llamado

Cuando escuchas el llamado lo primordial es poder reconocer cual es. Debes tener claro cuál es la misión fundamental de tu llamado y la gran noticia que tengo para darte es que Dios tiene uno especial para ti que comienza con lo que ya él ha revelado en su palabra.

El punto es que debemos comenzar por lo general, por la biblia, la oración, y el consejo de otros para luego ir encontrando señales de lo que Dios quiere específicamente para nuestra vida.

También te serviría estar atento a estas cosas para distinguir en qué áreas ministeriales Dios te está llamando. ¿Qué necesidades te conmueven? ¿Qué cosas te apasionan? Los llamados de Dios siempre han tenido que ver con las necesidades de la humanidad y de la creación que conmueven el Corazón de Dios y también conmueven el de cierta persona.

Por eso un excelente ejercicio para comenzar a distinguir tu llamado es descubrir necesidades. Busca a tu alrededor. Con la necesidad más grande que podrás encontrarte es como el mundo se está perdiendo en vicios y en entretenimientos puedes ayudar a otros a tomar conciencia de estas cosas. También podemos ver como las familias, los matrimonios se están destruyendo. Como la taza de divorcios aumenta aun en los cristianos. Identifica lo que hay en tu Corazón y en las áreas en la que te gustaría ayudar a otros a tener éxito y vivir una vida mejor con la ayuda de Dios. ¿Piensa en que necesita la gente que te rodea? ¿Qué necesita tu país? ¿Que necesitan otras personas de tu edad? Al ir identificando las necesidades te darás cuenta de que unas te conmueven más que otras y esto tiene que ver con lo que Dios te diseño para hacer. Luego piensa en lo que te gusta hacer ya que es muy importante que te guste lo que haces; que cada vez que lo hagas te sientas feliz y que te llene lo que haces porque sabes que estas marcando la diferencia ya sea en la naciones o en tu comunidad. Tu llamado tiene que ver con tus sueños e inclinaciones naturales, los cuales Dios en su sabiduría tuvo en cuenta al diseñarte. Quizás te sorprenda esto porque hay algunos que han dado a entender que Dios te llama precisamente a hacer lo que no nos gusta para ensenarnos obediencia pero quiero decirte que eso es completamente falso. Si es cierto que así es como algunos han descubierto su llamado primero empezaron a hacer algo que no les gustaba para luego descubrir que ese es su llamado y que ahora aman lo que hacen. Dios nunca te diseñara para una cosa y luego te llamara a hacer otra.

Es seguro que te tocara obedecer, arriesgarte y ser audaz para abrazar tu llamado pero también tendrás que ser muy sensible cuando Dios te hable ya que él lo hará de diversas maneras, pero todos podemos estar seguros que la voluntad de Dios siempre termina siendo Buena, agradable y perfecta.

Romanos 12:2

Tienes que disponerte a desarrollar tus dones, Dios nos da dones pero es nuestra responsabilidad desarrollarlos si sientes que tu llamado es evangelistico pues debes estudiar la palabra practicar en tu casa como si estuvieras en un estadio porque

pronto lo estarás si eres disciplinado y haces lo que se requiere para estar preparado para cuando llegue el momento. Dios nos llama pero de nosotros depende el estar dispuestos disponibles y preparados para lo que debemos hacer. Si tu maestro de escuela superior te dice tendremos un examen la próxima semana. Qué harías de seguro que te prepararías porque si no lo haces es seguro que saldrás muy mal en el examen. Resulta igual en el llamado y en el desarrollo de los dones; más vale que te prepares sino a la hora de el examen no pasaras y entonces te sentirás mal y fracasado pero no porque no hallas tenido la capacidad sino porque no hiciste lo necesario para hacer lo que se te llamo a hacer. Los dones son habilidades que nos da el Espíritu Santo para facultarnos para hacer la voluntad de Dios. Los dones y los frutos son dos cosas diferentes. Como saber cuáles son tus dones dos practicas básicas: Prueba diferentes maneras de servir a Dios y pasa tiempo con Dios. La biblia especifica que no todos tenemos los mimos dones y que a unos les fueron dados unos y a otros, otros. La biblia también específica que se puede recibir dones atraves de la imposición de manos atraves de los siervos de Dios en Hechos 19:6. Aunque vale la pena mencionar que en este caso no recibirás los que tú quieras sino los que Dios te quiera dar que al mismo tiempo pueden ser los que tú anhelas. Así que la unción que tú honras es la que atraes a tu vida. Honra a los hombres y mujeres de Dios que admiras y diles con franqueza que te gustaría recibir el don que Dios les ha dado a ellos y si es la voluntad de Dios el hará que puedas recibirlo atraves de la imposición de manos.
La clave es empezar con lo que tienes a la mano. El propósito de Dios al darnos dones es que sirvamos mejor a la iglesia,

extendamos su reino y podamos relacionarnos mejor con él, así que si ponemos nuestros esfuerzos en esos mismos objetivos vamos a ir notando que Dios nos va dando capacidades especiales para lograrlo.

Visión

Para hablar de visión debemos tocar Habacuc capítulo 2:1-3 que dice: Sobre mi guarda estaré, y sobre la fortaleza afirmaré el pie, y velaré para ver lo que se me dirá, y qué he de responder tocante a mi queja. 2 Y Jehová me respondió, y dijo: Escribe la visión, y declárala en tablas, para que corra el que leyere en ella. 3 Aunque la visión tardará aún por un tiempo, más se apresura hacia el fin, y no mentirá; aunque tardare, espéralo, porque sin duda vendrá, no tardará.

En este verso Dios nos da a conocer la importancia de buscarlo a él para recibir la revelación y escuchar lo que él tiene que decir para entonces caminar sobre ello. La visión debe venir de Dios, debes escribirla, declararla y caminar es decir aplicarla.
También nos deja saber que para todo ahí un tiempo en específico, Dios puede darte la visión hoy pero no significa que alcanzaras la visión ahí un proceso entre el día en que se te dio la visión y el día de la manifestación de la visión solo debes esperar con paciencia pero al mismo tiempo esperar con diligencia preparándote en todas las áreas para el cumplimiento de la visión.
Déjame hacerte una pregunta como Michael Jordán se convirtió en el mejor jugador del mundo
Y como yo siendo una ordinaria chica nacida en república dominicana criada en estados unidos la cual nunca pensó en escribir libros y menos dirigir una organización me convertí en la superintendente general del concilio las Iglesias del rey inc.

Con Iglesias en Colombia, Venezuela, república dominicana y otros. Escritora, Cantautora, Ministra y empresaria Viajando por el mundo llevando un mensaje de esperanza y empoderando a las naciones. La respuesta es simple!!Visión!! Y te hablo de un jugador de basketball no Cristiano porque la visión se aplica en todas las áreas cuando un individuo desea alcanzar algo. Si vas a convertir tu vida de ordinaria a extraordinaria tienes que tener una visión para tu vida. A medida que te mueves de lo ordinario a lo extraordinario encontraras muchísimos obstáculos en el camino y tu visión es la que te ayudara a enfocarte en avanzar hacia donde intentas llegar sin importar los obstáculos en el camino.

La visión sirve para que sepas cuál es tu final sin importar las cosas que se atraviesen en el camino. Es para ayudarte en el enfoque, en si visión es la habilidad de decirte a ti mismo que lo que está pasando en este momento no es tu final porque ya tienes la visión de cuál es el lugar final al cual llegaras y que sin importar las oposiciones tú vas a avanzar porque sabes que ahí más y vas por lo que quieres alcanzar. Los obstáculos en el camino son para retarte a dar más de ti por alcanzar la visión de Dios para tu vida, es Dios tratando de sacar la grandeza que hay en ti. Cuando no hay obstáculos nunca podrás saber cuan fuerte eres ni podrás conocer cuan fuerte es Dios para ayudarte a vencer esos obstáculos en el camino.

Salomón a quien Dios le dio una sabiduría sobrenatural escribió en Proverbios 29:18 que sin visión el pueblo perece. Cuán importante es tener una visión, sin visión no hay un propósito porque vivir, no hay algo porque luchar. Pablo tenía

una visión y era acabar lo que Dios le había encomendado hacer. Él no quería partir de esta tierra sin acabar la obra que Dios necesitaba que el llevara a cabo. Hechos 20:24 Más de ninguna cosa hago caso, ni estimo mi vida preciosa para mí mismo; solamente que acabe mi carrera con gozo, y el ministerio que recibí del Señor Jesús, para dar testimonio del evangelio de la gracia de Dios.
Escribe la visión es importante que tengas claro tu visión y lo que deseas alcanzar debes trabajar con metas y estrategias, planificar pero sobre todo ejecutar. Por ejemplo s tu deseo es escribir un libro debes planificar cuantas horas al día te sentaras frente a tu computadora para escribir cuanto tiempo estudiaras sobre el tema que tocaras en tu libro y para cuando tendrás listo el libro. Debes tener metas concretas y desarrollar estrategias para lograr lo que deseas alcanzar, sino estas dispuesto a trabajar por lo que deseas no podrás alcanzarlo. Si tu objetivo es tener una reunión seminal y daré estudios bíblicos debes desarrollar un plan de evangelismo, planificar que días saldrás y cuantas personas invitaras, debes sacar tiempo para llamar a los amigos y vecinos. Hacer promoción si es necesario en Facebook, en tu vecindario. El punto es que solo quiero darte estos ejemplo para hacerte entender que para alcanzar lo que deseas debes ponerte metas ,desarrollar una estrategia y ejecutarla; nada te llegara solo porque lo imagines mil veces en tu mente o lo sueñes hace falta trabajo, sacrificio, mucha disciplina, perseverancia y dedicación.

Cuando Jesús llamo a pedro en Lucas 5:10 le dice no temas desde hoy te hare pescador de hombres. Quiero que te imagines a pedro un pescador un hombre trabajador, pero no necesariamente muy talentoso, Tal vez un hombre musculoso pero talvez no muy inteligente probablemente muy apestoso a pescado y la biblia claramente nos deja saber que su economía no andaba muy bien porque a causa de eso Jesús le hizo el milagro después que él había estado toda la noche tratando y no pescaba nada. Fue un milagro sorprendente para él porque él era un hombre acostumbrado a que todo lo debía conseguir con su esfuerzo y ya había hecho todo lo que estaba en sus manos y nada había conseguido. Jesús con una sola estrategia lleno las barcas de él y de los que estaban alrededor el sin ningún tipo de esfuerzo exhaustivo de parte de ellos. Que te quiero decir con esto que te dejes guiar del Espíritu Santo en todo una simple estrategia de parte de Dios puede hacer la gran diferencia en tu ministerio y en cualquier área de tu vida. Cuando Jesús le dijo a pedro que lo haría un pescador de hombres estaba dejándole saber a pedro que desde antes que el naciera Dios había puesto un potencial en el que tenía que desarrollar. Que lo que él estaba haciendo en su vida secular era lo que haría para el reino. Para la pesca ahí ciertas estrategias que hay que usar al igual que para el evangelismo óseo que la experiencia como pescador de peces le ayudaría en la pesca de hombres. Pedro era un hombre de Fe fue el único que bajo del bote y camino sobre el mar, fue el único que se atrevió y fue el único que creyó. Una de las características de un transformador de naciones es la Fe. Sin fe es imposible agradar a Dios y alguien que no agrada a Dios como siempre digo Dios no lo lleva ni a la esquina. Cuando Dios te llama yo lo comparo a cuando pedro le dijo a Jesús; maestro si eres tu manda que yo valla a ti, esto fue cuando Jesús se les apareció caminando sobre el mar, Jesús le dijo ven. Él tuvo la suficiente fe en cristo para decirle que si era el mandara a que el fuera y también caminara sobre el agua pero en medio del camino tuvo miedo empezó a enfocarse en los vientos contrarios de modo que comenzó a hundirse. Jesús no dejo que se hundiera, el rápidamente grito señor sálvame y el señor lo salvo. Es lo mismo que vivirás en ciertos momentos durante tu vida ministerial y el señor no dejara que te undas. Porque él fue el quien te llamo. El llamo a pedro a que caminara con el sobre el agua pero al perder el enfoque empezó a sufrir los estragos de la falta de fe. La biblia habla de lo importante que es tener fe, pero hoy en día hay personas que lamentablemente viven con una mentalidad negativa aun siendo cristianos. Dios constantemente nos llama a renovar nuestras mentes atraves de la biblia ya que del mundo venimos con ciertos patrones mentales destructivos y erróneos.

La biblia que es totalmente inspirada por Dios nos ayuda a conocer quien es Dios; como actúa Dios y que desea Dios de nosotros. Un transformador de naciones tiene que caminar por fe y no por vista. Te encontraras con personas negativas que a cada idea que trates de desarrollar ellos te dirán las miles de maneras por las cuales tu idea no funcionara y debes estar preparado para bloquear esa malicia del enemigo como yo lo llamo jajajaa es una malicia del mismo infierno para que no tengas la fe ni seas un visionario. Un transformador de naciones tiene que ser visionario. Tienes que poder imaginar donde estarás de aquí a 5 años y trabajar cada día para lograr llegar a donde te has propuesto llegar. Nunca post-pongas las cosas, nunca dejes para mañana lo que debes y puedes hacer hoy. Si haces algo todos los días para alcanzar una meta te aseguro que 365 días después podrás mirar atrás y decir lo logre porque cada día me dispuse para lograrlo con la ayuda del

Espíritu Santo. Cuando un transformador de naciones escucha una idea de Dios inmediatamente tiene la confianza y la seguridad de que puede lograrlo y cuando un transformador de naciones lee algo en la palabra sabe que eso es la absoluta verdad por encima de lo que sus ojos puedan estar viendo. Ellos saben que lo pueden lograr porque la biblia dice que pueden lograrlo. Te invito a meditar todo el día de hoy en hebreos 11:1. Permite que sea Dios quien aumente tu confianza en ti y en lo que puedes lograr atraves de Jesucristo. Lo que el a dicho de ti lo cumplirá. Si este llamado a las naciones debes tener confianza en Dios frente a toda circunstancia y saber que la palabra de Dios es verdad. Debes estar firme en el fundamento de la palabra y no permitir que nada te detenga para que puedas completar lo que él te ha llamado a hacer. Cuando todos los demás dicen que no se puede lograr o que se ve imposible, tu eres el debes tener una visión más allá de lo natural y una gran confianza. Sabiendo que lo que Dios quiere que se haga se hará sin importar cuán difícil parezca. Fe es la certeza de lo que estas esperando y si algo estas esperando en Fe es seguro que por más imposible que parezca lo veras manifestarse en el nombre de Jesús.

Como Lidiar con la crítica y el menosprecio

Cuando somos llamados al ministerio o hacer algo diferente de lo que los demás a nuestro alrededor están haciendo seremos victimas de críticas y por supuesto de menosprecio.

El mismo Jesús fue víctima de estas cosas. El venía con un mensaje distinto al de los fariseos y de los religiosos. La palabra dice en salmo 118:22 La piedra que desecharon los edificadores ha venido a ser la piedra principal del ángulo. Y mateo 21:42 Jesús les dijo: ¿Nunca leísteis en las Escrituras: La piedra que desecharon los edificadores, ha venido a ser cabeza de ángulo: El Señor ha hecho esto, y es cosa maravillosa en nuestros ojos? Esto nos habla de que es claro que habrán muchos que nos rechazaran y dirán que somos del diablo al igual que lo hicieron con Jesús.

Mateo 21:43
Por eso os digo que el reino de Dios os será quitado y será dado a una nación que produzca sus frutos.

El rechazo del pueblo a Jesús fue tan grande que está claro en mateo 21:43 hasta el reino de Dios les fue quitado y nos fue entregado a nosotros, todavía hoy los judíos siguen rechazando a Jesús como hijo de Dios. Los musulmanes, los budistas, los satánicos siguen rechazando a Jesús. Miles hoy día siguen rechazando a Jesús. Por eso nosotros como siervos de cristo debemos estar totalmente preparados mental y emocionalmente para el rechazo. Porque al igual que a nuestro maestro harán con nosotros por su causa. Sé que me dirás pero son los mismos cristianos y los que son supuestamente hijos de Dios los que me rechazan y no creen en mí ni en mi ministerio. Te entiendo perfectamente porque créeme que yo lo viví. Y para eso también Dios nos dejó ejemplos en su palabra. Los historia de José y sus hermanos son una magnifica representación donde nos reflejamos los que debemos vivir el rechazo de nuestros propios hermanos. Quienes se supone deberían sentirse felices por nosotros no lo están y en vez de aplaudirte por tener el valor de levantarte y hacer algo para Dios; te hacen la guerra. Los hermanos de José actuaron de forma egoísta y envidiosa. Ellos nunca se detuvieron a pensar que si José llegaba a alcanzar su sueño para ellos también sería un beneficio porque pertenecen a la misma familia. Así hay muchos hermanos hoy en día que son hijos de Dios pero actúan como hijos del diablo. Ellos no han entendido que si tú avanzas el reino avanza y que si tú te levantas el reino de las tinieblas sufriría estragos. Ellos todavía no han entendido que nuestros enemigos son los principados, las potestades, los gobernadores de las tinieblas y las huestes espirituales de maldad en las regiones celestes. Que no estamos peleando contra la carne y la sangre. Isaías 28:16

Por tanto, así dice el Señor DIOS: He aquí, pongo por fundamento en Sion una piedra, una piedra probada, angular, preciosa, fundamental, bien colocada. El que crea en ella no será perturbado. El que crea en ella no será perturbado esto nos especifica que no todo el mundo creerá en nuestro potencial pero el que crea ese será bendecido. Cuando voy a algún lugar

a predicar siempre digo, Yo vine por lo que están esperando algo de parte de Dios si usted no está esperando nada no va a recibir nada porque los que reciben son los que están esperando. Tu ministerio no es para bendecir a todo el mundo tu ministerio es para una multitud ya escogida y los que serán bendecidos atraves de tu ministerio son los que el padre te entrego no es todo el mundo. Yo a veces entro a you Tube y veo unas adoraciones y unas predicas poderosas y miro los likes y los no likes y yo digo santo Dios como puede haber gente que no les gusto esa adoración o esa predica sí estuvo poderoso. Es como te digo no a todo el mundo le gustara lo que haces. Así que el punto es no permitir que eso te afecte ni mucho menos que te desenfoque de lo que Dios te ha llamado a hacer. Si desistes y te rindes a causa de estar mirando a quienes no les gusta lo que haces en vez de enfocarte en quienes si les gusta dejarías de bendecir a los que Dios te ha entregado. Esto me recuerda la oración de Jesús. Cuando el oro el no oro por todo el mundo el oro al padre por los que el padre le dio. Por los que el padre le entrego. El oro en Juan 17:6-9
6 He manifestado tu nombre a los hombres que del mundo me diste; tuyos eran, y me los diste, y han guardado tu palabra. 9 Yo ruego por ellos; no ruego por el mundo, sino por los que me diste; porque tuyos son. Así que no pierdas tu enfoque y concéntrate en los que el padre te entrego porque para bendición de ellos Dios te levanto.

Confía en Dios

Pon tu Confianza en el que te llamo. El que te llamo sacara la cara por ti. No importa donde tu llegues o donde Dios te mande, ahí Dios sacara la cara por ti. Tal vez no de la manera en la que tú lo has pensado pero a su manera y en su tiempo el hará que todos sepan que él fue quien te llamo y que él ha estado contigo todo el tiempo aun en el tiempo en el que ellos pensaron que Dios no estaba contigo. Dios te llevara a lugares donde talvez tendrás que pasar vergüenzas y ser quebrantado, menospreciado y rechazado. Pasar por ese quebrantamiento será necesario para Dios poder entregarte lo que él te va a entregar si no estás dispuesto a ser quebrantado y pasar por el dolor no estás listo para lo que Dios desea poner en tus manos. Déjame decirte esto con más claridad sin quebrantamiento no ahí Gloria. Tú debes estar preparado para el dolor porque tendrás que vivirlo y tendrás que superarlo. Job 5:18 Porque él es quien hace la llaga, y él la vendará; El hiere, y sus manos curan. Sera fuerte pero sobrevivirás y aprovechando este momento te invito a escuchar mi canción sobreviviré en you tube mientras sigues leyendo. Esa canción será de mucha bendición para ti si estás pasando por esos momentos de quebrantamiento. De hecho la escribe en un momento tan difícil en mi vida en el que tenía tantos problemas matrimoniales que sentía que mi vida ya no daba para más. Estaba envuelta en tantos problemas económicos que ya no daba para más y era todo junto. Parecía un plan macabro para acabar con mi vida.

Solamente puede cantar sobreviviré aunque el proceso me duela. Ahora me causa risa pero en ese momento era como si me hubieran partido en dos el alma y el Corazón. Al final termine dedicando esa canción a las personas que están pasando por un proceso de divorcio y por un proceso de cáncer. Durante el proceso de preparación antes de que Dios te levante para ponerte donde él ha prometido que estaras tendrás que vivir cosas fuertes. Me hubiese gustado que me lo hubieran dicho o que hubiera existido un libro como este que yo hubiera podido leer pero todo me cayó de sorpresa y sentía que acaban con mi vida y yo no entendía porque. Solo le preguntaba a Dios porque tanto dolor y tanto sufrimiento si lo único que quiero es servirte. Porque? si lo único que te he pedido es un hogar Cristiano. Así como David le reclamaba al señor en el salmo 13. ¿Hasta cuándo jehová me olvidaras para siempre, hasta cuando Dios mío dejaras que el enemigo se enaltezca sobre mi le reclamaba yo a Dios y le decía cuando gano yo dime padre???? Miles de preguntas habían en mi cabeza y miles de tristezas en mi Corazón. Viendo como todo lo que había conseguido se desmoronaba en un solo instante. Llegue a un punto decisivo donde no sabía que sería de mi vida. Estaba en una cuerda floja y debía escoger si seguir el buen camino que conduce a Dios y a su plan perfecto para mí o rendirme. En ese momento es muy duro porque no ves Gloria por ningún lado solo quebrantamiento, dolor y mucha tristeza. No tienes fuerzas para hacer lo que Dios te está pidiendo que hagas y no sabes cómo podrás continuar. Pero llega el día en el que se manifiesta en tu vida el salmo 102:13 Te levantarás y tendrás misericordia de Sion, Porque es tiempo de tener misericordia de ella, porque el plazo ha llegado. Yo profetizo que ese dia es hoy para ti.

Hoy Dios te levanta. Hoy podras decir como yo dije ese dia. Me voy a olvidar de todo el mundo y me voy a quedar con Dios. A los que me traicionaron ya no les deseare mal, solo pediré misericordia por ellos. Recuerda que hoy mas que nunca debes mantenerte afianzado en Dios para poder resistir.

Proceso

¿Que está buscando Dios de ti durante los tiempos de proceso? ¿Que está buscando el enemigo de ti durante los tiempos de proceso?

Empezare por contestar la segunda pregunta primero. El enemigo anda buscando varias cosas y la primera de ellas que busca durante el proceso es dañar tu Corazón. Él sabe perfectamente que con un Corazón dañado Dios no te llevara ni de tu casa a la esquina. No en vano la biblia dice en proverbios 4:23 Sobre toda cosa guardada, guarda tu corazón; Porque de él mana la vida.

Se supone que Dios te llevara a las naciones y ministraras a miles de vidas a nivel mundial. Lo que impartirás será vida sobre ellos y esa vida proviene de tu Corazón, este verso claramente nos dice que del Corazón mana la vida. ¿Un Corazón lleno de resentimiento y amargura de espíritu que podrá transmitir a otros? ! Nada Bueno! Por eso lo primero que el busca es mantenerte pensando en todo lo malo que los demás te han hecho, en lo mucho que has sufrido y en cuanto has padecido. Tratará de mantenerte en una mentalidad de víctima y mientras tengas esa mentalidad de víctima no podrás fluir al nivel que Dios necesita que fluyas. Debes comprender que todo lo que has vivido ha sido con propósito y que absolutamente todo obrara para tu bien. Esto no es un plan macabro para realmente acabar con tu vida sino para hacerte a ti más fuerte y que puedas ministrar a otros la sanidad que tú misma (o) has recibido esto es lo que Dios busca.

Tú no puedes dar lo que no has recibido. Yo puedo dar liberación porque fui liberada de muchas de las malas cosas que hacía. Fui liberada del pecado y de la muerte. Aun siendo Cristiana he hecho cosas malas las cuales he tratado de mejorar a medida que crezco en mi caminar con Jesús cada día. Esto no se trata de máscaras ni de hipocresía sino de ser libres para poder liberar a otros y de ser sanos para poder sanar a otros. La gracia que he recibido del señor ese misma es la que ofrezco a otros y la misma misericordia que he recibido del señor es la que ofrezco a otros. Por ahí andan muchas personas que realmente no entiendo que han recibido del señor. Estoy segura de que dé el han recibido gracia cuando han comentado pecado y cuando han estado heridos han recibido sanidad de parte del señor porque yo conozco a Dios. Sin embargo ellos no dan a otros lo que ellos han recibido. A otros ellos dan juicio y dureza, al que está herido le punzan más la llaga y al que está por morir lo terminan de matar con sus palabras y con sus actitudes. Ellos viven más por la letra que por el Espíritu. 2 corintios 3:6 dice: el cual también nos hizo suficientes como ministros de un nuevo pacto, no de la letra, sino del Espíritu; porque la letra mata, pero el Espíritu da vida. Lo que dice 2 de corintios no lo dice madelyne livent lo dice Dios atraves de su palabra. Dios desea levantar una generación de gente guiada por el espíritu. La biblia dice que los que son guiados por el espíritu estos son hijos de Dios y que no están sujetos a la ley. Lo único que Dios desea es que vivamos en unión y en amor, Dios no desea que vivamos en contiendas y en divisiones. Dios no desea que discutamos doctrinas. Jesús dijo que la ley se resume en dos cosas amar a Dios sobre todas las cosas y a tu prójimo como a ti mismo.

El amor es la ley suprema. ¿Estas tu viviendo en amor? ¿Estas tu siendo guiado por su espíritu o por la letra? La letra mata pero el Espíritu da vida. Como un llamado a transformar naciones tienes un compromiso de proclamar la gracia que has recibido y tienes un compromiso de proclamar restauración a las naciones.

La misma gracia que has recibido es la que debes otorgar al mundo. Muchos cristianos luego de que Dios los acá del lodo cenagoso se convierte en religiosos y legalistas cosa que los hace actuar en una manera totalmente anti-bíblica. Jesús vino para salvar al mundo de sus pecados. Debemos aprender a ser pacientes con los demás así como Dios ha sido paciente con cada uno de nosotros. La única institución que tiene la habilidad de matar a los heridos de su propio equipo se llama la iglesia ninguna otra institución terrenal mata a los heridos de su propio equipo por lo tanto debemos cambiar.

Comprométete a realmente llevar el mensaje que cristo vino a predicar que es salvación, misericordia y gracia para todos los que quieran venir a él.

Resiste en medio del Proceso

El proceso no es para matarte sino para limpiarte, durante los procesos Dios revelara las cosas que están dentro de ti que no son de acuerdo a su imagen y que no debes albergar. También tendrás que confirmar tu decisión de servirle a él en todo tiempo. Tendrás que vivir situaciones en la cuales te encontraras entre la espada y la pared enfrentaras situaciones de mucho dolor donde te cuestionaras donde esta Dios y reclamaras por qué debes vivir cosas tan Fuertes y dolorosas pero cuando todo esto pase serás más fuerte y podrás verdaderamente entender que fue necesario. Créeme que para crecer primero tienes que menguar, para Dios poder llenarte de algo Nuevo tiene que vaciarte de lo Viejo y eso duele empezaras a sentir que lo estás perdiendo todo por lo que un día luchaste. Sentirás que has luchado tanto para nada para perderlo todo en un Segundo. Bueno en fin las cosas que sentirás serán muy Fuertes estarás en una encrucijada entre o resisto y persisto aun a pesar de esta vergüenza y este dolor o me rindo. Pero a la misma vez no sabes cómo resistir ni tienes la fuerza para hacerlo.

Lo importante que debes saber si estas ahora mismo viviendo y sintiendo estas cosas que acabo de mencionar es que no es para siempre yo pase por ahí para estar donde Dios me ha dado el privilegio de estar hoy fue muy duro muy difícil yo quería morirme. Todos los días oraba que Dios quitara la vergüenza de mi rostro y de mi casa porque mi vergüenza fue pública. No hay nada más terrible que cuando un problema personal se convierte en público. Los primeros que te critican y te juzgan son los que deberían ayudarte en oración sabiendo la batalla por la que estás pasando. En mi proceso tuve que pasar por mi Getsemaní, todos tenemos que pasar por un Getsemaní antes de llegar al calvario.

Quiero que busques tu biblia y vallas a mateo 26:36-46. Leer este pasaje bíblico me ayuda a saber que tengo un sumo sacerdote que conoce lo que es el dolor que conoce lo que yo estuve sintiendo en mi momento de proceso. Jesús que sabe lo que es ser traicionado, Él sabe lo que es no tener donde recostar su cabeza. De esto no se predica mucho porque a nadie le interesa saber de un Jesús atribulado en cuanto a aceptar la voluntad del padre, nadie predica que él estaba llorando que estaba angustiado, que estaba agonizando. Que en ese momento les pidió a los discípulos que oraran con él y ellos ni eso pudieron hacer él supo lo que ese estar solo. Lo que es contar con alguien y que no te apoyen viendo la angustia por la que estás pasando. El entiende cómo te sientes cuando pasas por el rechazo a nadie le interesa ver aun Jesús vulnerable preguntándole al padre padre no hay otra forma de hacer esto no hay otra forma de redimir a madelyne livent (tu nombre) y a la humanidad, Padre será que tú puedes pasar de mi esta copa sin que yo la beba. Tres veces Jesús oro de esa manera él estaba tan nervioso que su sudor era como gotas de sangre porque no quería morir no quería padecer pero sabía que esa era la voluntad del padre. Nosotros muchas veces no queremos pasar por el proceso queremos que Dios pase de nosotros esa copa y gritamos Padre por favor pasa de mi esta copa porque ya no puedo más. Oh padre será que tu pudieras darme un copa más pequeña con menos problemas y menos Dolores de cabeza pero Dios no pasara de ti esa copa porque ahí copas que debemos beber no importa si tú hablas en lenguas si tu canta en el coro o si eres pastor o apóstol seas lo que seas ahí copas que te las vas a tener que tomar.

Jesús miro la copa y pregunto si no había otra forma, tal vez u tienes una copa la cual tienes que tomar en este momento pero no eres tú solo o tu sola ahí miles que en este momento están tomando una copa que no quieran tomar pero es necesario rendirse ante la voluntad del padre. Mientras Jesús preguntaba al mismo tiempo se rendía y decía pero que no se haga mi voluntad sino la tuya porque la voluntad de él era no sufrir ese calvario pero le era necesario.

A la gente no le gusta oír estas cosas porque afectan su teología pero a mí me interesa saber que tengo un sumo sacerdote que fue tentado en todo y nunca pecó que conoce mi dolor porque el mismo lo vivió. El Getsemaní tipifica el dolor interno. Jesús tuvo que lidiar con el dolor y la angustia interna para poder soportar el dolor externo que le venía el viernes. Cuando llego el Viernes para el ya no fue un problema porque en el Getsemaní ya él se había rendido internamente para morir. Si no puedes lidiar con lo interno jamás podrás lidiar con lo externo.

Ahí bendición en rendirse a la voluntad de Dios, Tú no puedes solo ni sola.
Al rendirte recibes fuerzas para atravesar y sobrevivir la copa.

Dios te dice yo no voy a remover la copa pero te daré fuerzas para beber de la copa.
La oración no es para Dios remueva la copa, sino para equiparte para que puedas beber de la copa.
La oración es para empoderarte y para equiparte para que puedas resistir la quimioterapia. No es para detener el divorcio es para ayudarte a sobrevivir al divorcio. Es para que aunque hayas perdido el trabajo no pierdas el gozo. La oración es para ayudarte a entender que aunque hayas perdido los recursos aun tienes a la Fuente de recursos y que si lo tiene a él siempre habrá una puerta para recibir nuevos recursos.

Características de un Transformar de Naciones

Pasión por Dios

2 Pedro 1:5-9 Reina-Valera 1960 (RVR1960)
Vosotros también, poniendo toda diligencia por esto mismo, añadid a vuestra fe virtud; a la virtud, conocimiento; al conocimiento, dominio propio; al dominio propio, paciencia; a la paciencia, piedad; a la piedad, afecto fraternal; y al afecto fraternal, amor. Porque si estas cosas están en vosotros, y abundan, no os dejarán estar ociosos ni sin fruto en cuanto al conocimiento de nuestro Señor Jesucristo. Pero el que no tiene estas cosas tiene la vista muy corta; es ciego, habiendo olvidado la purificación de sus antiguos pecados.

Tomate un tiempo para meditar en esta escritura, Este verso nos explica el Nuevo nivel de cristiandad en el cual debemos vivir, debemos vivir en fe desarrollando el don o virtud que Dios nos ha otorgado.

Debemos adquirir conocimiento para poder desarrollar con efectividad lo que hemos sido llamados a hacer. Ejercerlo con dominio propio ya que esto evitara que caigamos en el grave error de ser sabios en nuestra propia opinión. Paciencia porque debemos ser pacientes los unos con los otros y tener piedad con los demás así como Dios la tuvo con nosotros. Afecto fraternal y amor, muy bien lo dice el texto sin estas cosas estaremos ociosos y no podremos dar fruto, el que no tiene estas cosas no tiene visión tiene la vista corta y nunca podrá llegar a la multiplicación en su ministerio; porque ha olvidado que con el tuvieron paciencia, que Dios le otorgo piedad cuando andaba en sus antiguos pecados. Al tener estas cosas y cultivarlas en nuestro ser no estaremos ociosos y tendremos mucho fruto.

El carácter no es algo con lo que se nace es algo que se desarrolla, de la misma manera que hay que hacer ejercicio para mantener el cuerpo en forma así de igual manera ahí que trabajar para moldear nuestro carácter cada día. Muy pocos tenemos un carácter definido, la mayoría de nosotros venimos con un carácter moldeado a la manera del mundo el cual ahora debemos moldear con forme a las enseñanzas de cristo. Cuando entras en el reino tienes que des-aprender para re-aprender y eso puede resultar muy difícil ahí que romper patrones mentales que vienen enraizados en situaciones sociales y culturales como también del tipo de ambiente en el cual el individuo se ha desarrollado.

Para desarrollar el carácter de un transformador de naciones debe apasionarte el edificar e implementar los nuevos hábitos que son realmente conforme a Dios. Debes comprometerte a reconstruir tu carácter y a trabajar en las diferentes áreas que necesitas mejorar.

Para poder comprometerte a reconstruir tu carácter debes refugiarte en mateo 12:30. Dice Amaras al señor tu Dios con todo tu Corazón, con toda tu alma con toda tu mente y con todas tus fuerzas.
Esto es lo más importante que debes hacer amar a Dios con todo. No simplemente con palabras o con actos religiosos sino

realmente con todo tu ser. El no solo quiere que digas que lo amas sino que él sea lo más importante para ti. Si le preguntas a cualquier persona que si ama a Dios te dirá si claro yo amo a Dios pero si le preguntas a algunas personas si les gusta la pizza te dirán si claro yo amo la pizza.

No estamos hablando de ese tipo de amor sino de un amor sublime que proviene de lo más profundo de tu ser. El tipo de amor de él que te hablo es el que hace que a la hora de tomar una decisión en la cual sabes que él no está de acuerdo tú no lo haces por amor a él. De eso se trata el verdadero amor.

Quieres hacerlo pero por el sublime amor a él no lo haces porque él es lo más importante para ti. Es un amor que hace que cuando las personas que te han hecho mal están frente a ti y tu tienes la oportunidad de vengarte no lo haces porque reconoces que él dijo mía es la venganza yo soy el que paga.
Ese tipo de amor es el que cuando no puedes amar a tus enemigos y sabes que tu Corazón está herido hace que seas sincera (o) con él y le digas yo sé que estoy mal porque no estoy sintiendo ni deseo cosas buenas para los que me han hecho mal pero te pido que me ayudes y limpies mi Corazón. Yo te amo y no deseo ofenderte señor aunque ellos lo merecen tu no lo mereces. Ese es el tipo de amor que Jesús merece y desea de ti. En este día quiero que tomes un papel y escribas en letra grande
Mateo 12; 30 y lo Pegues frente a tu cama.

Déjalo ahí por varios días o semanas léelo todos los días y cada día has algo para demostrarle a Jesús cuanto lo amas. Todos los días pregúntale a Jesús que puedo hacer por amor a ti hoy, estoy segura que él te responderá y su Espíritu te guiara como lo ha hecho conmigo. Quiero contarte de una vez que le dije al señor, señor yo quiero hacer algo por amor a ti hoy. Era un día de navidad. Yo me encontraba en san pedro de Macorís, Republica dominicana pasando por un proceso matrimonial y económico muy fuerte, pero al mismo tiempo muy enamorada del señor Jesucristo y él me dijo ve al malecón y bendice a 3 niños de la calle. En república dominicana siempre hay niños en la calle limpiando zapatos a estos se les llama limpia botas. Bueno me fui con una muchacha adolecente que vivía en frente de donde yo me encontraba viviendo en esos momentos. Fui con ella porque no deseaba que nadie lo supiera solo quería que fuera entre Dios y yo pero a la vez no quería ir sola. Ella me acompaño y nos sentamos ahí a esperar y orar que Dios fuera el que nos mandara a estos niños que él ya tenía escogidos para bendecir. Encontramos a uno y le dije Dios te bendiga mira quiero darte esto departe de Jesús. Le pregunte tú sabes quién es Jesús y él dijo si Dios. Yo le dije si el hijo de Dios, ore por él y lo guie en la oración para recibir a Jesús y le di el dinero. Solo fueron 50 pesos a cada uno en total 150.00 pero para estos niños hacer 50 pesos limpiando zapatos es mucho lo que tienen que limpiar. Es la primera vez que cuento esto y lo hago solo por darte un ejemplo de las pequeñas cosas que puedes hacer por amor a Jesús. Para nosotros son pequeñas cosas pero para las personas que bendecirás significara mucho y para el señor es aún mayor porque su palabra nos dice en lo poco me has sido fiel pues en lo mucho yo te pondré. Yo me sentí tan gozosa ese día porque pude hacer algo por amor a cristo y aparte pude bendecir a unos niños en el día de navidad. Para mí fue una bendición enorme, nada puede comprar el gozo que sientes en el Corazón cuando de lo poco que tienes compartes con los que necesitan más que tú. La pasión por Dios te llevara a hacer cosas hermosas, sin pasión todo pierde su sabor.

Fortaleza & Valentía

Lucas 1:80

Y el niño crecía, y se fortalecía en espíritu: y estuvo en los desiertos hasta el día que se mostró a Israel

Juan crecía y se fortalecía en espíritu y estuvo en los desiertos hasta el día que se mostró a Israel que nos quiere decir el señor con esto, Tenemos que tener la Fortaleza para soportar los desiertos que tendremos que pasar hasta la hora en que él nos levante y podamos resplandecer. Mientras él estuvo en los desiertos el crecía y se fortalecía. Dios usara tus desiertos para desarrollar tus dones para enseñarte a resistir al diablo. Para capacitarte en todas aquellas cosas que necesitaras tener lista para el día en que tengas que salir y presentarte al pueblo. Los desiertos son los mejores lugares de entrenamiento. Dios nunca te va a sacar a matar a Goliat si todavía no has matado a ni al león ni al oso todo es un proceso el cual te es necesario vivir para poder llegar al palacio.

La Valentía de David se desarrolló atrás en el desierto donde nadie lo veía, él se fortaleció en sus tiempos a solas con Dios, soportando el menosprecio de sus hermanos él pudo aprender a lidiar con sus problemas internos, con sus sentimientos. El ver que no era contado entre los que supuestamente cualificaban tú crees que no le dolía a David pero él se fortaleció en fe sabiendo que un día Dios lo sacaría del corral de las ovejas pero todo tiene su tiempo y Dios va a saltar procesos porque de lo contrario no llegarías preparado al campo de batalla para enfrentar a tu enemigo adquirir y mantener la posición que él desea darte.

Así que resiste y pasa por tus desiertos desarrollando Fortaleza en tu espíritu, se valiente para arriesgarte cuando sea necesario porque de eso puede depender el obtener la promesa de Dios para tu vida. Dios no nos ha dado espíritu de cobardía sino de poder de amor y de dominio propio.
Debes tener dominio propio para no ceder ante el temor que vendrá sobre ti para tratar de impedir que obtengas que Pelees o vallas por lo que Dios te ha prometido.

La Fortaleza espiritual no es algo por lo cual solamente horas y lo adquieres de una vez. Es algo que se desarrolla. Y se desarrolla solamente plantando bien profundo en tu Corazón la palabra de Dios.

Día a día veras como tú Fortaleza espiritual aumenta al meditar en estos versos bíblicos que he seleccionado cuidadosamente para ti, son dos diferentes versiones Bíblicas como Reina

Valera y NVI compáralos y estúdialos es Bueno tener dos versiones para poder entender mejor un pasaje :

-"Mas tú, Jehová, no te alejes;
Fortaleza mía, apresúrate a socorrerme." Salmos 22:19

-"No temas, porque yo estoy contigo; no desmayes, porque yo soy tu Dios que te esfuerzo; siempre te ayudaré, siempre te sustentaré con la diestra de mi justicia." Isaías 41:10

-"Jehová es mi fortaleza y mi cántico,
Y ha sido mi salvación.
Este es mi Dios, y lo alabaré;
Dios de mi padre, y lo enalteceré." Éxodo 15:2

-"Jehová es mi fortaleza y mi escudo;
En él confió mi corazón, y fui ayudado,
Por lo que se gozó mi corazón,
Y con mi cántico le alabaré." Salmos 28:7

-"Inclina a mí tu oído, líbrame pronto;
Sé tú mi roca fuerte, y fortaleza para salvarme." Salmos 31:2

-"Dios es nuestro amparo y fortaleza, nuestro pronto auxilio en las tribulaciones." Salmos 46:1

-"Misericordia mía y mi castillo,
Fortaleza mía y mi libertador,
Escudo mío, en quien he confiado;
El que sujeta a mi pueblo debajo de mí." Salmos 144:2

-"Porque fuiste fortaleza al pobre, fortaleza al menesteroso en su aflicción, refugio contra el turbión, sombra contra el calor; porque el ímpetu de los violentos es como turbión contra el muro." Isaías 25:4

-"Oh Jehová, fortaleza mía y fuerza mía, y refugio mío en el tiempo de la aflicción, a ti vendrán naciones desde los extremos de la tierra, y dirán: Ciertamente mentira poseyeron nuestros padres, vanidad, y no hay en ellos provecho." Jeremías 16:19

-"...y he aquí yo estoy con vosotros todos los días, hasta el fin del mundo. Amén." Mateo 28:20

-"Sé vivir humildemente, y sé tener abundancia; en todo y por todo estoy enseñado, así para estar saciado como para tener hambre, así para tener abundancia como para padecer necesidad. Todo lo puedo en Cristo que me fortalece." Filipenses 4:12-13

-"No os ha sobrevenido ninguna tentación que no sea humana; pero fiel es Dios, que no os dejará ser tentados más de lo que podéis resistir, sino que dará también juntamente con la tentación la salida, para que podáis soportar." 1 Corintios 10:13

-"Hijitos, vosotros sois de Dios, y los habéis vencido; porque mayor es el que está en vosotros, que el que está en el mundo."
1 Juan 4:4

-"...que por fe conquistaron reinos, hicieron justicia, alcanzaron promesas, taparon bocas de leones, apagaron fuegos impetuosos, evitaron filo de espada, sacaron fuerzas de debilidad, se hicieron fuertes en batallas, pusieron en fuga ejércitos extranjeros." Hebreos 11:32-34

-"El camino de Jehová es fortaleza al perfecto;
Pero es destrucción a los que hacen maldad." Proverbios 10:29

-"Aunque la higuera no florezca,
Ni en las vides haya frutos,
Aunque falte el producto del olivo,
Y los labrados no den mantenimiento,
Y las ovejas sean quitadas de la majada,
Y no haya vacas en los corrales; Con todo, yo me alegraré en Jehová, y me gozaré en el Dios de mi salvación." Habacuc 3:17-18

-"¿Qué, pues, diremos a esto? Si Dios es por nosotros, ¿quién contra nosotros?" Romanos 8:31

-"Mas Jehová está conmigo como poderoso gigante; por tanto, los que me persiguen tropezarán, y no prevalecerán; serán avergonzados en gran manera, porque no prosperarán; tendrán perpetua confusión que jamás será olvidada." Jeremías 20:11

-"He aquí Dios es salvación mía; me aseguraré y no temeré; porque mi fortaleza y mi canción es JAH Jehová, quien ha sido salvación para mí." Isaías 12:2

-"Aunque un ejército acampe contra mí,
No temerá mi corazón;
Aunque contra mí se levante guerra,
Yo estaré confiado." Salmos 27:3

-"Jehová derrotará a tus enemigos que se levantaren contra ti; por un camino saldrán contra ti, y por siete caminos huirán de delante de ti." Deuteronomio 28:7

-"He aquí os doy potestad de hollar serpientes y escorpiones, y sobre toda fuerza del enemigo, y nada os dañará." Lucas 10:19

-"Y me ha dicho: Bástate mi gracia; porque mi poder se perfecciona en la debilidad. Por tanto, de buena gana me gloriaré más bien en mis debilidades, para que repose sobre mí el poder de Cristo." 2 Corintios 12:9

-"Mi fortaleza y mi cántico es JAH,

Y él me ha sido por salvación." Salmo 118:14

-"Por fortaleza te he puesto en mi pueblo, por torre; conocerás, pues, y examinarás el camino de ellos." Jeremías 6:27

-"El da esfuerzo al cansado, y multiplica las fuerzas al que no tiene ningunas. Los muchachos se fatigan y se cansan, los jóvenes flaquean y caen; pero los que esperan a Jehová tendrán nuevas fuerzas; levantarán alas como las águilas; correrán, y no se cansarán; caminarán, y no se fatigarán." Isaías 40:29-31

Así que no temas, porque yo estoy contigo;
No te angusties, porque yo soy tu Dios.
Te fortaleceré y te ayudaré;
Te sostendré con mi diestra victoriosa.
Isaías 41:10 | NVI |

Pero los que confían en el Señor
Renovarán sus fuerzas;
Volarán como las águilas:
Correrán y no se fatigarán,
Caminarán y no se cansarán.
Isaías 40:31 | NVI |

Podrán desfallecer mi cuerpo y mi espíritu,
Pero Dios fortalece mi corazón;
Él es mi herencia eterna.
Salmos 73:26 | NVI |

Todo lo puedo en Cristo que me fortalece.
Filipenses 4:13 | NVI |

Él fortalece al cansado
Y acrecienta las fuerzas del débil.
Isaías 40:29 | NVI |

Pero el Señor es fiel, y él los fortalecerá y los protegerá del maligno.
2 Tesalonicenses 3:3 | NVI |

Pues Dios no nos ha dado un espíritu de timidez, sino de poder, de amor y de dominio propio.
2 Timoteo 1:7 | NVI |

Pero yo le cantaré a tu poder,
Y por la mañana alabaré tu amor;
Porque tú eres mi protector,
Mi refugio en momentos de angustia.
Salmos 59:16 | NVI |

¡Ah, Señor mi Dios! Tú, con tu gran fuerza y tu brazo poderoso, has hecho los cielos y la tierra. Para ti no hay nada imposible.
Jeremías 32:17 | NVI |

¡Refúgiense en el Señor y en su fuerza,
Busquen siempre su presencia!
1 Crónicas 16:11 | NVI |

¡Cuánto te amo, Señor, fuerza mía!
El Señor es mi roca, mi amparo, mi libertador;
Es mi Dios, el peñasco en que me refugio.
Es mi escudo, el poder que me salva,
¡Mi más alto escondite!
Salmos 18:1-2 | NVI |

Ciertamente, la palabra de Dios es viva y poderosa, y más cortante que cualquier espada de dos filos. Penetra hasta lo más profundo del alma y del espíritu, hasta la médula de los huesos, y juzga los pensamientos y las intenciones del corazón.
Hebreos 4:12 | NVI |

El Señor omnipotente es mi fuerza;
Da a mis pies la ligereza de una gacela
Y me hace caminar por las alturas.
Habacuc 3:19 | NVI |

Al que puede hacer muchísimo más que todo lo que podamos imaginarnos o pedir, por el poder que obra eficazmente en nosotros, ¡a él sea la gloria en la iglesia y en Cristo Jesús por todas las generaciones, por los siglos de los siglos! Amén.
Efesios 3:20-21 | NVI |

Ama al Señor tu Dios con todo tu corazón, con toda tu alma,
con toda tu mente y con todas tus fuerzas.
Marcos 12:30 | NVI |

Tuyos son, Señor,
La grandeza y el poder,
La gloria, la victoria y la majestad.
Tuyo es todo cuanto hay
En el cielo y en la tierra.
Tuyo también es el reino,
Y tú estás por encima de todo.
1 Crónicas 29:11 | NVI |

Por último, fortalézcanse con el gran poder del Señor.
Efesios 6:10 | NVI |

Así que el ángel me dijo: «Ésta es la palabra del Señor para
Zorobabel:» "No será por la fuerza
Ni por ningún poder,
Sino por mi Espíritu
—dice el Señor Todopoderoso—.
Zacarías 4:6 | NVI |

Por eso me regocijo en debilidades, insultos, privaciones, persecuciones y dificultades que sufro por Cristo; porque cuando soy débil, entonces soy fuerte.
2 Corintios 12:10 | NVI |

Toda la plenitud de la divinidad habita en forma corporal en Cristo; y en él, que es la cabeza de todo poder y autoridad, ustedes han recibido esa plenitud.
Colosenses 2:9-10 | NVI |

Me explico: El mensaje de la cruz es una locura para los que se pierden; en cambio, para los que se salvan, es decir, para nosotros, este mensaje es el poder de Dios.
1 Corintios 1:18 | NVI |

¿Quién es Dios, si no el Señor?
¿Quién es la roca, si no nuestro Dios?
Salmos 18:31 | NVI |

Porque no fue su espada la que conquistó la tierra,
Ni fue su brazo el que les dio la victoria:
Fue tu brazo, tu mano derecha;
Fue la luz de tu rostro, porque tú los amabas.
Salmos 44:3 | NVI |

El Todopoderoso no está a nuestro alcance;
Excelso es su poder.
Grandes son su justicia y rectitud;
¡a nadie oprime!
Job 37:23 | NVI |

Porque desde la creación del mundo las cualidades invisibles de Dios, es decir, su eterno poder y su naturaleza divina, se perciben claramente a través de lo que él creó, de modo que nadie tiene excusa.
Romanos 1:20 | NVI |

¿Quién realizó esto? ¿Quién lo hizo posible?
¿Quién llamó a las generaciones desde el principio?
Yo, el Señor, soy el primero,
Y seré el mismo hasta el fin.
Isaías 41:4 | NVI |

Pero cuando venga el Espíritu Santo sobre ustedes, recibirán poder y serán mis testigos tanto en Jerusalén como en toda Judea y Samaria, y hasta los confines de la tierra.
Hechos 1:8 | NVI |

Le pido que, por medio del Espíritu y con el poder que procede de sus gloriosas riquezas, los fortalezca a ustedes en lo íntimo de su ser, para que por fe Cristo habite en sus corazones. Y pido que, arraigados y cimentados en amor.
Efesios 3:16-17 | NVI |

Por eso les digo: Crean que ya han recibido todo lo que estén pidiendo en oración, y lo obtendrán.
Marcos 11:24 | NVI |

Ahora bien, la fe es la garantía de lo que se espera, la certeza de lo que no se ve.
Hebreos 11:1 | NVI |

Que el Dios de la esperanza los llene de toda alegría y paz a ustedes que creen en él, para que rebosen de esperanza por el poder del Espíritu Santo.
Romanos 15:13 | NVI |

Pero que pida con fe, sin dudar, porque quien duda es como las olas del mar, agitadas y llevadas de un lado a otro por el viento.
Santiago 1:6 | NVI |

Ustedes lo aman a pesar de no haberlo visto; y aunque no lo ven ahora, creen en él y se alegran con un gozo indescriptible y glorioso, pues están obteniendo la meta de su fe, que es su salvación.
1 Pedro 1:8-9 | NVI |

En realidad, sin fe es imposible agradar a Dios, ya que cualquiera que se acerca a Dios tiene que creer que él existe y que recompensa a quienes lo buscan.
Hebreos 11:6 | NVI |

Pues ya saben que la prueba de su fe produce constancia.
Santiago 1:3 | NVI |

— ¿No te dije que si crees verás la gloria de Dios? —le contestó Jesús.
Juan 11:40 | NVI |

Entonces Jesús le dijo: —Yo soy la resurrección y la vida. El que cree en mí vivirá, aunque muera; y todo el que vive y cree en mí no morirá jamás. ¿Crees esto?
Juan 11:25-26 | NVI |

Reciban al que es débil en la fe, pero no para entrar en discusiones.
Romanos 14:1 | NVI |

Tú, en cambio, hombre de Dios, huye de todo eso, y esmérate en seguir la justicia, la piedad, la fe, el amor, la constancia y la humildad.
1 Timoteo 6:11 | NVI |

Porque todo el que ha nacido de Dios vence al mundo. Ésta es la victoria que vence al mundo: nuestra fe.
1 Juan 5:4 | NVI |

Si tengo el don de profecía y entiendo todos los misterios y poseo todo conocimiento, y si tengo una fe que logra trasladar montañas, pero me falta el amor, no soy nada.
1 Corintios 13:2 | NVI |

He optado por el camino de la fidelidad,
He escogido tus juicios.
Salmos 119:30 | NVI |

Yo soy el pan de vida —declaró Jesús—. El que a mí viene nunca pasará hambre, y el que en mí cree nunca más volverá a tener sed.
Juan 6:35 | NVI |

Puedes irte —le dijo Jesús—; tu fe te ha sanado. Al momento recobró la vista y empezó a seguir a Jesús por el camino.
Marcos 10:52 | NVI |

Porque con el corazón se cree para ser justificado, pero con la boca se confiesa para ser salvo.
Romanos 10:10 | NVI |

Por la fe Abraham, a pesar de su avanzada edad y de que Sara misma era estéril, recibió fuerza para tener hijos, porque consideró fiel al que le había hecho la promesa.
Hebreos 11:11 | NVI |

Vivimos por fe, no por vista.
2 Corintios 5:7 | NVI |

Porque tanto amó Dios al mundo, que dio a su Hijo unigénito, para que todo el que cree en él no se pierda, sino que tenga vida eterna.
Juan 3:16 | NVI |

De hecho, en el evangelio se revela la justicia que proviene de Dios, la cual es por fe de principio a fin, tal como está escrito: «El justo vivirá por la fe.»
Romanos 1:17 | NVI |

Todos ustedes son hijos de Dios mediante la fe en Cristo Jesús, porque todos los que han sido bautizados en Cristo se han revestido de Cristo.
Gálatas 3:26-27 | NVI |

El que crea y sea bautizado será salvo, pero el que no crea será condenado.
Marcos 16:16 | NVI |

Les escribo estas cosas a ustedes que creen en el nombre del Hijo de Dios, para que sepan que tienen vida eterna.
1 Juan 5:13 | NVI |

—Ésta es la obra de Dios: que crean en aquel a quien él envió —les respondió Jesús.
Juan 6:29 | NVI |

—Cree en el Señor Jesús; así tú y tu familia serán salvos —le contestaron.
Hechos 16:31 | NVI |

Hermanos, siempre debemos dar gracias a Dios por ustedes, como es justo, porque su fe se acrecienta cada vez más, y en cada uno de ustedes sigue abundando el amor hacia los otros.
2 Tesalonicenses 1:3 | NVI |

Fijemos la mirada en Jesús, el iniciador y perfeccionador de nuestra fe, quien por el gozo que le esperaba, soportó la cruz, menospreciando la vergüenza que ella significaba, y ahora está sentado a la derecha del trono de Dios.
Hebreos 12:2 | NVI |

De aquel que cree en mí, como dice la Escritura, brotarán ríos de agua viva.
Juan 7:38 | NVI |

He sido crucificado con Cristo, y ya no vivo yo sino que Cristo vive en mí. Lo que ahora vivo en el cuerpo, lo vivo por la fe en el Hijo de Dios, quien me amó y dio su vida por mí.
Gálatas 2:20 | NVI |

Ahora, pues, permanecen estas tres virtudes: la fe, la esperanza
y el amor. Pero la más excelente de ellas es el amor.
1 Corintios 13:13 | NVI |

Por la gracia que se me ha dado, les digo a todos ustedes: Nadie
tenga un concepto de sí más alto que el que debe tener, sino
más bien piense de sí mismo con moderación, según la medida
de fe que Dios le haya dado.
Romanos 12:3 | NVI |

¿Quién es el que vence al mundo sino el que cree que Jesús es
el Hijo de Dios?
1 Juan 5:5 | NVI |

— ¿Cómo que si puedo? Para el que cree, todo es posible.
Marcos 9:23 | NVI |

Porque a ustedes se les ha concedido no sólo creer en Cristo,
sino también sufrir por él.
Filipenses 1:29 | NVI |

Que nadie te menosprecie por ser joven. Al contrario, que los creyentes vean en ti un ejemplo a seguir en la manera de hablar, en la conducta, y en amor, fe y pureza.
1 Timoteo 4:12 | NVI |

Es cierto que con la verdadera religión se obtienen grandes ganancias, pero sólo si uno está satisfecho con lo que tiene.
1 Timoteo 6:6 | NVI |

Pero la Escritura declara que todo el mundo es prisionero del pecado, para que mediante la fe en Jesucristo lo prometido se les conceda a los que creen.
Gálatas 3:22 | NVI |

Que si confiesas con tu boca que Jesús es el Señor, y crees en tu corazón que Dios lo levantó de entre los muertos, serás salvo.
Romanos 10:9 | NVI |

Porque por gracia ustedes han sido salvados mediante la fe; esto no procede de ustedes, sino que es el regalo de Dios, no por obras, para que nadie se jacte.
Efesios 2:8-9 | NVI |

Pero ahora, sin la mediación de la ley, se ha manifestado la justicia de Dios, de la que dan testimonio la ley y los profetas. Esta justicia de Dios llega, mediante la fe en Jesucristo, a todos los que creen. De hecho, no hay distinción.
Romanos 3:21-22 | NVI |

¿Acaso no creemos que Jesús murió y resucitó? Así también Dios resucitará con Jesús a los que han muerto en unión con él.
1 Tesalonicenses 4:14 | NVI |

En Cristo Jesús de nada vale estar o no estar circuncidados; lo que vale es la fe que actúa mediante el amor.
Gálatas 5:6 | NVI |

Mas a cuantos lo recibieron, a los que creen en su nombre, les dio el derecho de ser hijos de Dios.
Juan 1:12 | NVI |

A la verdad, no me avergüenzo del evangelio, pues es poder de Dios para la salvación de todos los que creen: de los judíos primeramente, pero también de los gentiles.
Romanos 1:16 | NVI |

De hecho, Cristo es el fin de la ley, para que todo el que cree reciba la justicia.
Romanos 10:4 | NVI |

El que cree en el Hijo tiene vida eterna; pero el que rechaza al Hijo no sabrá lo que es esa vida, sino que permanecerá bajo el castigo de Dios.
Juan 3:36 | NVI |

¿Quién eres tú para juzgar al siervo de otro? Que se mantenga en pie, o que caiga, es asunto de su propio señor. Y se mantendrá en pie, porque el Señor tiene poder para sostenerlo.
Romanos 14:4 | NVI |

Nosotros somos judíos de nacimiento y no "pecadores paganos". Sin embargo, al reconocer que nadie es justificado por las obras que demanda la ley sino por la fe en Jesucristo, también nosotros hemos puesto nuestra fe en Cristo Jesús, para ser justificados por la fe en él y no por las obras de la ley; porque por estas nadie será justificado.
Gálatas 2:15-16 | NVI |

Ahora, hermanos, quiero recordarles el evangelio que les prediqué, el mismo que recibieron y en el cual se mantienen firmes. Mediante este evangelio son salvos, si se aferran a la palabra que les prediqué. De otro modo, habrán creído en vano.
1 Corintios 15:1-2 | NVI |

El que cree en él no es condenado, pero el que no cree ya está condenado por no haber creído en el nombre del Hijo unigénito de Dios.
Juan 3:18 | NVI |

Así también la fe por sí sola, si no tiene obras, está muerta.
Santiago 2:17 | NVI |

Si ustedes creen, recibirán todo lo que pidan en oración.
Mateo 21:22 | NVI |

Les aseguro que si alguno le dice a este monte: "Quítate de ahí y tírate al mar", creyendo, sin abrigar la menor duda de que lo que dice sucederá, lo obtendrá.
Marcos 11:23 | NVI |

»Bendito el hombre que confía en el Señor,
Y pone su confianza en él.
Será como un árbol plantado junto al agua,
Que extiende sus raíces hacia la corriente;
No teme que llegue el calor,
Y sus hojas están siempre verdes.
En época de sequía no se angustia,
Y nunca deja de dar fruto.»
Jeremías 17:7-8 | NVI |

Confía en el Señor de todo corazón,
Y no en tu propia inteligencia.
Reconócelo en todos tus caminos,
Y él allanará tus sendas.
Proverbios 3:5-6 | NVI |

Pon en manos del Señor todas tus obras,
Y tus proyectos se cumplirán.
Proverbios 16:3 | NVI |

Cuando cruces las aguas,
Yo estaré contigo;
Cuando cruces los ríos,
No te cubrirán sus aguas;
Cuando camines por el fuego,
No te quemarás ni te abrasarán las llamas.
Isaías 43:2 | NVI |

Cuando siento miedo,
Pongo en ti mi confianza.
Salmos 56:3 | NVI |

Por la mañana hazme saber de tu gran amor,
Porque en ti he puesto mi confianza.
Señálame el camino que debo seguir,
Porque a ti elevo mi alma.
Salmos 143:8 | NVI |

Ésta es la confianza que tenemos al acercarnos a Dios: que si pedimos conforme a su voluntad, él nos oye.
1 Juan 5:14 | NVI |

El que habita al abrigo del Altísimo
Se acoge a la sombra del Todopoderoso.
Yo le digo al Señor: «Tú eres mi refugio,
Mi fortaleza, el Dios en quien confío.»
Salmos 91:1-2 | NVI |

Pero que pida con fe, sin dudar, porque quien duda es como las olas del mar, agitadas y llevadas de un lado a otro por el viento.
Santiago 1:6 | NVI |

¿A quién tengo en el cielo sino a ti?
Si estoy contigo, ya nada quiero en la tierra.
Podrán desfallecer mi cuerpo y mi espíritu,
Pero Dios fortalece mi corazón;
Él es mi herencia eterna.
Salmos 73:25-26 | NVI |

No permitirá que tu pie resbale;
Jamás duerme el que te cuida.
Salmos 121:3 | NVI |

El Señor está cerca de quienes lo invocan,
De quienes lo invocan en verdad.
Salmos 145:18 | NVI |

Confío en Dios y alabo su palabra;
Confío en Dios y no siento miedo.
¿Qué puede hacerme un simple mortal?
Salmos 56:4 | NVI |

Dios es mi salvación y mi gloria;
Es la roca que me fortalece;
¡Mi refugio está en Dios!
Salmos 62:7 | NVI |

Fíjense en las aves del cielo: no siembran ni cosechan ni almacenan en graneros; sin embargo, el Padre celestial las alimenta. ¿No valen ustedes mucho más que ellas?
Mateo 6:26 | NVI |

Manténganse libres del amor al dinero, y conténtense con lo
que tienen, porque Dios ha dicho: "Nunca te dejaré;
Jamás te abandonaré.»
Hebreos 13:5 | NVI |

Así que mi Dios les proveerá de todo lo que necesiten,
conforme a las gloriosas riquezas que tiene en Cristo Jesús.
Filipenses 4:19 | NVI |

Temer a los hombres resulta una trampa,
Pero el que confía en el Señor sale bien librado.
Proverbios 29:25 | NVI |

Así que podemos decir con toda confianza: «El Señor es quien
me ayuda; no temeré.
¿Qué me puede hacer un simple mortal?»
Hebreos 13:6 | NVI |

Y nosotros hemos llegado a saber y creer que Dios nos ama.
Dios es amor. El que permanece en amor, permanece en Dios,
y Dios en él.
1 Juan 4:16 | NVI |

Confía en el Señor y haz el bien;
Establécete en la tierra y mantente fiel.
Salmos 37:3 | NVI |

El que atiende a la palabra, prospera.
¡Dichoso el que confía en el Señor!
Proverbios 16:20 | NVI |

Queridos hermanos, no crean a cualquiera que pretenda estar inspirado por el Espíritu, sino sométanlo a prueba para ver si es de Dios, porque han salido por el mundo muchos falsos profetas.
1 Juan 4:1 | NVI |

Queridos hermanos, si el corazón no nos condena, tenemos confianza delante de Dios, y recibimos todo lo que le pedimos porque obedecemos sus mandamientos y hacemos lo que le agrada.
1 Juan 3:21-22 | NVI |

Cuán grande es tu bondad,
Que atesoras para los que te temen,
Y que a la vista de la gente derramas
Sobre los que en ti se refugian.
Salmos 31:19 | NVI |

Y si sabemos que Dios oye todas nuestras oraciones, podemos estar seguros de que ya tenemos lo que le hemos pedido.
1 Juan 5:15 | NVI |

Vivimos por fe, no por vista.
2 Corintios 5:7 | NVI |

No digo esto porque esté necesitado, pues he aprendido a estar satisfecho en cualquier situación en que me encuentre.
Filipenses 4:11 | NVI |

Encomienda al Señor tu camino;
Confía en él, y él actuará.
Hará que tu justicia resplandezca como el alba;
Tu justa causa, como el sol de mediodía.
Salmos 37:5-6 | NVI |

Al de carácter firme
Lo guardarás en perfecta paz,
Porque en ti confía.
Isaías 26:3 | NVI |

Pon tu esperanza en el Señor;
Ten valor, cobra ánimo;
¡Pon tu esperanza en el Señor!
Salmos 27:14 | NVI |

Por la fe Abraham, a pesar de su avanzada edad y de que Sara misma era estéril, recibió fuerza para tener hijos, porque consideró fiel al que le había hecho la promesa.
Hebreos 11:11 | NVI |

No envidies a los violentos,
Ni optes por andar en sus caminos.
Porque el Señor aborrece al perverso,
Pero al íntegro le brinda su amistad.
Proverbios 3:31-32 | NVI |

Cuídame, oh Dios, porque en ti busco refugio.
Salmos 16:1 | NVI |

Y ahora, queridos hijos, permanezcamos en él para que, cuando se manifieste, podamos presentarnos ante él confiadamente, seguros de no ser avergonzados en su venida.
1 Juan 2:28 | NVI |

Pero la Escritura declara que todo el mundo es prisionero del pecado, para que mediante la fe en Jesucristo lo prometido se les conceda a los que creen.
Gálatas 3:22 | NVI |

Todos deben someterse a las autoridades públicas, pues no hay autoridad que Dios no haya dispuesto, así que las que existen fueron establecidas por él.
Romanos 13:1 | NVI |

»No se angustien. Confíen en Dios, y confíen también en mí.
Juan 14:1 | NVI |

Les aseguro que si alguno le dice a este monte: "Quítate de ahí y tírate al mar", creyendo, sin abrigar la menor duda de que lo que dice sucederá, lo obtendrá.
Marcos 11:23 | NVI |

Que tú gran amor, Señor, nos acompañe,
Tal como lo esperamos de ti.
Salmos 33:22 | NVI |

Un Corazón puro

Mateo 5:8
Bienaventurados los de limpio corazón, pues ellos verán a Dios.

Dios en su palabra hace muchísimo énfasis en esta cualidad que debemos desarrollar. Esto es algo en lo cual debemos trabajar. No es fácil tener un Corazón puro. Ahí miles de cosas que sucederán en tu vida las cuales te causaran mucho dolor y trataran de mantener lleno de rencor y de amargura. Es importante que puedes perdonar a los demás para mantenerte con un Corazón puro. Entender que todas las cosas que Dios ha permitido que pasen en tu vida al final obraran para tu bien es imperativo para poder superar el dolor y la frustración. El padre nuestro tiene una parte muy importante y es cuando dice: Padre perdona nuestras ofensas así como nosotros perdonamos a los que nos ofenden. Esto quiere decir que Dios te perdonara en la misma medida con la cual tú perdones a otros.

Dios desea que tu vida pueda reflejarlo a él y él es un Dios perdonador y misericordioso. Nosotros fallamos muchas veces sin embargo él no nos deja solos. Cuando lo necesitamos él está ahí para ayudarnos, porque él es fiel. Hablar de este tema es para mí un logro porque yo estuve llena de frustración de odio y de rencor por situaciones que tuve que vivir. Tuve que aprender a lidiar con mi dolor y perdonar aun cuando la persona que me hizo mal nunca ha pedido perdón y siempre me ha odiado. No la culpo porque yo también la odie solo pido que ella pueda encontrar a Dios y pueda superar su dolor.

Llegar al punto de poder orar por esta mujer para mí no fue fácil, fue muy difícil porque nosotros como humanos caídos tenemos este cuerpo de pecado el cual quiere que las cosas sean ojo por ojo y diente por diente pero Dios nos dice amad a vuestros enemigos y bendecid a los que os maldicen. Se dice más fácil de lo que es poder realmente llegar a practicarlo. José estuvo en la cárcel, sus hermanos lo vendieron y tuvo que vivir como esclavo por mucho tiempo. Él estaba acostumbrado a ser un nene de papi junto a Jacob pero la vida le dio duro fue un proceso muy fuerte pero necesario para poder llevarlo al cumplimento del sueño. Dios ministraba a mi vida en cuanto al tiempo que José tubo que estar preso la biblia no nos relata cuanto tiempo fue pero fue bastante tiempo, dentro de la cárcel José desarrollo su don de interpretación de sueño.

Dios usara tu cárcel tu problema para desarrollar aquellas cosas que el usara a tu favor cuando llegue el momento correcto.

Llego el panadero y el copero a la cárcel y José tuvo la oportunidad de ejercitar su don pensando en que el copero podía interceder por el cuándo llegara delante del rey le dijo no te olvides de mí. Dentro de tu cárcel Dios te conectara con personas que a su debido tiempo Dios usara para llevar al lugar que él tiene preparado para ti. José estaba cansado de estar preso, estaba cansado de la misma situación.

Ahí situaciones que te tienen preso y no sabes cómo podrás salir y muchas veces pensamos que alguien podrá sacarnos del proceso más rápido pero no es así. Dios te mantendrá en la cárcel y hará que el copero te olvide hasta que llegue el día en el que él te mandara a sacar.

Dios estaba trabajando el Corazón de José mientras estaba en la cárcel. En tu cárcel Dios lo que desea es trabajar con tu Corazón. El desea preparar tu corazón para que cuando llegues al palacio y estés reinando puedas bendecir a tus hermanos que un día hablaron mal de ti, que un día te traicionaron y que un día te hicieron tanto daño.

Oración

Crea en mí, oh Dios, un corazón limpio, y renueva un espíritu recto dentro de mí.
Salmo 51:10

Dios quiero ser un reflejo de tu amor, quiero caminar en libertad,
Ser libre del odio, el rencor y la opresión, de la ansiedad y la amargura.

Mi Dios, crea en mí un corazón limpio, sano, alegre, que hermosee mi rostro, que sea agradable delante de ti. Que pueda hacer tu voluntad por encima de mi dolor y obedecerte. Que mi corazón no se desvíe tras las cosas efímeras. Ayúdame a entender que esto es solo un cortó periodo de tiempo y que no vale la pena vivir desperdiciando mis días sin disfrutar de la bendición de tener un corazón totalmente libre.

Haz un compromiso con Dios de mantenerte en pureza y lealtad, en integridad de corazón y enfrentar así la vida reflejando el amor de Dios.

Medita en estos versos

Que la belleza de ustedes no sea solo la externa, que consiste en adornos tales como peinados ostentosos, joyas de oro y vestidos lujosos. Sino que su belleza sea más bien la incorruptible, la que procede de lo íntimo del corazón y consiste en un espíritu suave y apacible. Ésta sí que tiene mucho valor delante de Dios.
1 Pedro 3:3-4 | NVI |

Que te conceda lo que tu corazón desea;
Que haga que se cumplan todos tus planes.
Salmos 20:4 | NVI |

Que nunca te abandonen el amor y la verdad:
Llévalos siempre alrededor de tu cuello
Y escríbelos en el libro de tu corazón.
Contarás con el favor de Dios
Y tendrás buena fama entre la gente.
Proverbios 3:3-4 | NVI |

Me buscarán y me encontrarán, cuando me busquen de todo corazón.
Jeremías 29:13 | NVI |

Deléitate en el Señor,
Y él te concederá los deseos de tu corazón.
Salmos 37:4 | NVI |

Confía en el Señor de todo corazón,
Y no en tu propia inteligencia.
Reconócelo en todos tus caminos,
Y él allanará tus sendas.
Proverbios 3:5-6 | NVI |

Por sobre todas las cosas cuida tu corazón,
Porque de él mana la vida.
Proverbios 4:23 | NVI |

"Ama al Señor tu Dios con todo tu corazón, con todo tu ser y con toda tu mente" —le respondió Jesús—.
Mateo 22:37 | NVI |

Nada hay tan engañoso como el corazón.
No tiene remedio.
¿Quién puede comprenderlo? «Yo, el Señor, sondeo el corazón
Y examino los pensamientos,
Para darle a cada uno según sus acciones
Y según el fruto de sus obras.»
Jeremías 17:9-10 | NVI |

Pero el Señor le dijo a Samuel: —No te dejes impresionar por su apariencia ni por su estatura, pues yo lo he rechazado. La gente se fija en las apariencias, pero yo me fijo en el corazón.
1 Samuel 16:7 | NVI |

Cada uno debe dar según lo que haya decidido en su corazón, no de mala gana ni por obligación, porque Dios ama al que da con alegría.
2 Corintios 9:7 | NVI |

Crea en mí, oh Dios, un corazón limpio,
Y renueva la firmeza de mi espíritu.
Salmos 51:10 | NVI |

El de sabio corazón acata las órdenes,
Pero el necio y rezongón va camino al desastre.
Proverbios 10:8 | NVI |

Gran remedio es el corazón alegre,
Pero el ánimo decaído seca los huesos.
Proverbios 17:22 | NVI |

Hijo mío, no te olvides de mis enseñanzas;
Más bien, guarda en tu corazón mis mandamientos.
Porque prolongarán tu vida muchos años
Y te traerán prosperidad.
Proverbios 3:1-2 | NVI |

Tus estatutos son mi herencia permanente;
Son el regocijo de mi corazón.
Salmos 119:111 | NVI |

Yo te busco con todo el corazón;
No dejes que me desvíe de tus mandamientos.
Salmos 119:10 | NVI |

Fuiste Llamado a las Naciones

Y esfuércense por cumplir fielmente el mandamiento y la ley que les ordenó Moisés, siervo del Señor: amen al Señor su Dios, condúzcanse de acuerdo con su voluntad, obedezcan sus mandamientos, manténganse unidos firmemente a él y sírvanle de todo corazón y con todo su ser.
Josué 22:5 | NVI |

Dichosos los que guardan sus estatutos
Y de todo corazón lo buscan.
Salmos 119:2 | NVI |

Te alabaré con integridad de corazón,
Cuando aprenda tus justos juicios.
Salmos 119:7 | NVI |

Sean, pues, aceptables ante ti
Mis palabras y mis pensamientos,
Oh Señor, roca mía y redentor mío.
Salmos 19:14 | NVI |

Enséñanos a contar bien nuestros días,
Para que nuestro corazón adquiera sabiduría.
Salmos 90:12 | NVI |

Cobren ánimo y ármense de valor,
Todos los que en el Señor esperan.
Salmos 31:24 | NVI |

Les aseguro que si alguno le dice a este monte: "Quítate de ahí y tírate al mar", creyendo, sin abrigar la menor duda de que lo que dice sucederá, lo obtendrá.
Marcos 11:23 | NVI |

Inclina mi corazón hacia tus estatutos
Y no hacia las ganancias desmedidas.
Salmos 119:36 | NVI

La angustia abate el corazón del hombre,
Pero una palabra amable lo alegra.
Proverbios 12:25 | NVI |

La esperanza frustrada aflige al corazón;
El deseo cumplido es un árbol de vida.
Proverbios 13:12 | NVI

Fuiste Llamado a las Naciones

Y Dios, que conoce el corazón, les dio testimonio dándoles el Espíritu Santo, así como también nos lo dio a nosotros; y ninguna distinción hizo entre nosotros y ellos, purificando por la fe sus corazones.
Hechos 15:8-9

La Humildad

La humildad es la virtud que consiste en conocer las propias limitaciones y debilidades y actuar de acuerdo a tal conocimiento. El término proviene del vocablo latino humilitas.
Podría decirse que la humildad es la ausencia de soberbia. Es una característica propia de los sujetos modestos, que no se sienten más importantes o mejores que los demás, independientemente de cuán lejos hayan llegado en la vida.

La humildad es muy importante ya que nosotros hemos sido llamados a ser semejantes a cristo Ahí muchas personas que cuando alcanzan el éxito se vuelven soberbios y eso termina destruyéndolos. Lo más hermoso es ver cuando una persona ha logrado mucho y se mantiene humilde eso habla por ti y si las personas te siguen al ver cuán humilde eres te amaran aún más. Muchas veces veo como las personas quieren hablar conmigo, me envían mensajes de las cosas que están pasando en su vidas sin siquiera conocerme; simplemente porque mi ministerio los ha tocado en alguna manera atraves de los diferentes medios de comunicación. Es hermoso ver que la gente confía en ti porque sabe que eres una mujer de Dios. Yo en lo más posible trato de mantenerme contestando a todo el que me escribe porque siento que es lo que hubiera hecho Jesús. Jesús iba a los lugares donde estaba la gente común, la gente pecadora, él estaba abierto para escuchar, recibir y ayudar al que a él se acercaba. Por esa razón los que le necesitaban buscaban la manera de acercarse a él porque sabían que si salían tras él y lograban acercarse a él en los ayudaría. Mis amados esta cualidad nos ayudara a alcanzar el objetivo más grande por el cual fuimos llamados y es tocar el Corazón de las almas. La gente necesita líderes humildes de Corazón.

Humillarse ante Dios es un ejemplo de humildad de Corazón.

2 crónicas 7:14
Si se humillare mi pueblo sobre el cual mi nombre es invocado y oraren y buscaren mi rostro y se convirtieren de sus malos caminos; entonces oiré desde los cielos y perdonare sus pecados y sanare su tierra.

Es de suma importancia humillarse ante Dios, es la única manera en la que te mantendrás con los pies en la tierra. Este verso de crónicas nos 4 claves para tener un ministerio y una vida sana.
1) Invoca su nombre
2) Orar
3) Buscar su rostro
4) Convertirse

Todos deseamos tener una vida llena de cosas buenas, de paz y alegría. Y eso es posible cuando seguimos los principios bíblicos establecidos por Dios para alcanzar las cosas que deseamos.

En este verso está la clave para la expansión ministerial para que tu ciudad sea sanada del pecado.

Si mi pueblo se humillara y orara y buscara mi rostro aquí está la importancia de la oración. La oración lo cambia todo. Muchas veces nosotros no estamos dispuestos a humillarnos delante de la presencia de Dios ni siquiera una vez al día. El señor está buscando una generación que se levante para alcanzar y para llevar acabo su agenda en esta tierra pero debemos estar preparados, revestidos de la Gloria de Dios y esa Gloria solamente puede descender sobre nosotros a medida que buscamos su rostro.

Hay muchas cosas de la cuales debemos convertirnos cada día. Cada día hay decisiones que debemos tomar. Convertirse es simplemente cambiar de dirección. El verso dice si se convirtieren de sus malos caminos ósea si te devuelves, retrocedes y cambias de dirección hacia el lugar correcto al cual yo te estoy llamando entonces yo oiré. Nosotros muchas veces hacemos nuestros propios planes para ir por el camino que pensamos es el mejor para llevar acabo lo que Dios quiere que se haga, pero ese no es el camino por el cual Dios quiere que se haga.

Nosotros a veces pensamos que nuestra estrategia funcionara mejor que la de Dios. Que el plan que ya teníamos establecido funcionara mejor para alcanzar las almas que el plan del Espíritu Santo. A veces nos adherimos más a programas y estatutos que a la guanca del Espíritu Santo y Dios necesita que te devuelvas, que retrocedas y que cambies de dirección ya mismo. Conviértete de ese camino y regresa a mi guanca te dice el Espíritu Santo. Sé que lo que haces es tratando de buscar un beneficio para mi obra pero no es el camino correcto. No es el camino por el cual yo quiero que se haga. Escúchame a mi te dice el Espíritu Santo yo te daré la estrategia, Yo fui quien le dio a pedro la estrategia y dos barcas fueron llenas. La abundancia fue tanta que el tubo que llamar a otros para ayudarle con la bendición. La bendición que tengo para ti es tan grande que no podrás con tanta vas a tener que compartir solamente escúchame a mí.

Medita en estos versos

Siempre humildes y amables, pacientes, tolerantes unos con otros en amor.
Efesios 4:2 | NVI |

No hagan nada por egoísmo o vanidad; más bien, con humildad consideren a los demás como superiores a ustedes mismos.
Filipenses 2:3 | NVI |

Fuiste Llamado a las Naciones

Vivan en armonía los unos con los otros. No sean arrogantes, sino háganse solidarios con los humildes. No se crean los únicos que saben.
Romanos 12:16 | NVI |

Con el orgullo viene el oprobio;
Con la humildad, la sabiduría.
Proverbios 11:2 | NVI |

Que la belleza de ustedes no sea la externa, que consiste en adornos tales como peinados ostentosos, joyas de oro y vestidos lujosos. Que su belleza sea más bien la incorruptible, la que procede de lo íntimo del corazón y consiste en un espíritu suave y apacible. Ésta sí que tiene mucho valor delante de Dios.
1 Pedro 3:3-4 | NVI |

Humíllense delante del Señor, y él los exaltará.
Santiago 4:10 | NVI |

Por lo tanto, como escogidos de Dios, santos y amados, revístanse de afecto entrañable y de bondad, humildad, amabilidad y paciencia.
Colosenses 3:12 | NVI |

El altivo será humillado,
Pero el humilde será enaltecido.
Proverbios 29:23 | NVI

Recompensa de la humildad y del temor del Señor
Son las riquezas, la honra y la vida.
Proverbios 22:4 | NVI |

¿Quién es sabio y entendido entre ustedes? Que lo demuestre con su buena conducta, mediante obras hechas con la humildad que le da su sabiduría.
Santiago 3:13 | NVI |

Carguen con mi yugo y aprendan de mí, pues yo soy apacible y humilde de corazón, y encontrarán descanso para su alma. Porque mi yugo es suave y mi carga es liviana.
Mateo 11:29-30 | NVI |

Humíllense, pues, bajo la poderosa mano de Dios, para que él los exalte a su debido tiempo.
1 Pedro 5:6 | NVI |

Si mi pueblo, que lleva mi nombre, se humilla y ora, y me busca y abandona su mala conducta, yo lo escucharé desde el cielo, perdonaré su pecado y restauraré su tierra.
2 Crónicas 7:14 | NVI |

Al fracaso lo precede la soberbia humana;
A los honores los precede la humildad.
Proverbios 18:12 | NVI

En fin, vivan en armonía los unos con los otros; compartan penas y alegrías, practiquen el amor fraternal, sean compasivos y humildes.
1 Pedro 3:8 | NVI |

Entonces Jesús se sentó, llamó a los doce y les dijo: —Si alguno quiere ser el primero, que sea el último de todos y el servidor de todos.
Marcos 9:35 | NVI |

¡Ya se te ha declarado lo que es bueno!
Ya se te ha dicho lo que de ti espera el Señor:
Practicar la justicia,
Amar la misericordia,
Y humillarte ante tu Dios.
Miqueas 6:8 | NVI |

También escogió Dios lo más bajo y despreciado, y lo que no es nada, para anular lo que es, a fin de que en su presencia nadie pueda jactarse.
1 Corintios 1:28-29 | NVI |

Por eso, cuando des a los necesitados, no lo anuncies al son de trompeta, como lo hacen los hipócritas en las sinagogas y en las calles para que la gente les rinda homenaje. Les aseguro que ellos ya han recibido toda su recompensa.
Mateo 6:2 | NVI |

Bueno y justo es el Señor;
Por eso les muestra a los pecadores el camino.
Él dirige en la justicia a los humildes,
Y les enseña su camino.
Salmos 25:8-9 | NVI |

El temor del Señor es corrección y sabiduría;
La humildad precede a la honra.
Proverbios 15:33 | NVI |

Les hablo así, hermanos, porque ustedes han sido llamados a ser libres; pero no se valgan de esa libertad para dar rienda suelta a sus pasiones. Más bien sírvanse unos a otros con amor.
Gálatas 5:13 | NVI |

El que recibe en mi nombre a este niño —les dijo—, me recibe a mí; y el que me recibe a mí, recibe al que me envió. El que es más insignificante entre todos ustedes, ése es el más importante.
Lucas 9:48 | NVI |

Esposas, sométanse a sus esposos, como conviene en el Señor. Esposos, amen a sus esposas y no sean duros con ellas.
Colosenses 3:18-19 | NVI |

Que no es la Humildad

Dios está buscando personas genuinamente humildes. Él no quiere una falsa humildad, la humildad falsa es la que dice yo no soy nada yo no soy nadie. Eso no es humildad eso se llama baja autoestima e inseguridad. Las personas que hablan así generalmente dentro de sí albergan una arrogancia y una condenación que no les permite ver su valor ni reconocer lo que son en Dios.

Muchas personas piensan que humildad es decir o sentir que no valen nada pero eso es totalmente erróneo. Dios dijo todo lo puedes en cristo. (Filipenses 4:13) En Zacarías 2:8 él dice que tú eres la niña de sus ojos. Salmo 139:14 dice que fuiste Hermosa y maravillosamente creada. Tu si eres alguien pero sobre todo alguien con mucho valor.

La verdadera humildad es saber y reconocer quien es Dios y quien eres tú. Él es el alto y sublime, el todo poderoso y tú eres la niña de sus ojos.

Lo que realmente Dios nos quiso decir en 2 de crónicas 7:14 es humíllate y mantén una relación correcta conmigo. Reconoce que yo soy el señor y tú eres mi siervo y yo te levantare.

1 pedro 5:6-7 dice que nos humillemos delante de Dios y él nos exaltara cuando fuere tiempo y el 7 dice que echemos nuestra ansiedad sobre él porque él tiene cuidado de nosotros. La única manera de poder ser libre y sentirte bien es echando tu ansiedad sobre él.

La ansiedad lleva a las personas a cuestionar a Dios de el porque le está pasando tal o cual situación por eso es que Dios desea que te mantengas humillado bajo su mano sabiendo que él no te dejara pasar más de lo que puedas soportar y que todo al final obrara para tu bien. Confía en Jesús y deposita toda ansiedad sobre él. Si nuestro padre da de comer a las aves que no trabajan ni irán como no nos dará a nosotros todo lo que necesitamos. Se sobrios y velad dice el verso 5:8. El diablo anda tratando de robarnos la paz, poniendo pensamientos negativos y de temor en nuestras cabezas pero debes llevar todo pensamiento cautivo a la obediencia de Jesucristo. Confiar en él y mantente humillada delante de el sin importar las circunstancias.

Medita en estos versos

Por eso yo, Nabucodonosor, alabo, exalto y glorifico al Rey del cielo, porque siempre procede con rectitud y justicia, y es capaz de humillar a los soberbios.
Daniel 4:37 | NVI |

A él le toca crecer, y a mí menguar.
Juan 3:30 | NVI |

Al que puede hacer muchísimo más que todo lo que podamos imaginarnos o pedir, por el poder que obra eficazmente en nosotros, ¡a él sea la gloria en la iglesia y en Cristo Jesús por todas las generaciones, por los siglos de los siglos! Amén.
Efesios 3:20-21 | NVI |

Porque el Señor se complace en su pueblo;
A los humildes concede el honor de la victoria.
Salmos 149:4 | NVI |

Está escrito: «Tan cierto como que yo vivo —dice el Señor—,
Ante mí se doblará toda rodilla
Y toda lengua confesará a Dios.»
Romanos 14:11 | NVI |

¡Ay del que contiende con su Hacedor!
¡Ay del que no es más que un tiesto
Entre los tiestos de la tierra!
¿Acaso el barro le reclama al alfarero:
« ¡Fíjate en lo que haces!
¡Tú vasija no tiene agarraderas!»?
Isaías 45:9 | NVI |

Oración

Señor me comprometo a humillarme delante de ti. Reconozco que tú eres el hijo de Dios y que tú eres quien me salva. Reconozco que no soy salva por mis obras y que solo tu gracia es suficiente para salvarme. Te doy gracias porque me has hecho una nueva creatura las cosas Viejas pasaron y todas han sido hechas nuevas.

Compromiso

1 Timoteo 4:12
Que nadie te menosprecie por ser joven. Al contrario, que los creyentes vean en ti un ejemplo a seguir en la manera de hablar, en la conducta, y en amor, fe y pureza.

En este verso vemos que el apóstol le exhorta a Timoteo a que no se enfoque en las personas que lo menosprecian a causa de su juventud sino que sin importar nada de eso él debe comprometerse a ser un ejemplo a seguir en su manera de hablar en su conducta en amor n fe y en guardarse para Dios. Nuestro compromiso es ser ejemplo en cada área de nuestras vidas sabemos que es un proceso pero el compromiso es ese ser ejemplo y representar bien a Jesucristo.

Debemos saber nuestras responsabilidades como hijos de Dios y como miembros de un cuerpo y de un ministerio. Ahí reglas que se deben seguir y ahí protocolos que usted debe seguir dependiendo del ministerio con el cual usted trabaja. Cada ministerio tiene sus reglamentos y si Dios lo ha llamado a trabajar en su obra atravesó de este ministerio (Concilio Las Iglesias del Rey) su deber es ser fiel a este ministerio. Este ministerio es su casa, es su familia y Dios nos ha llamado a vivir en unidad en amor, en paz. Tenemos que colaborar los unos con los otros para que la agenda de Dios avance en la tierra. Somos un equipo en el cual todos debemos buscar el cumplimiento del sueño de Dios y no nuestro propio sueño. Cuando buscamos el sueño de Dios; Dios se encarga de cumplir los nuestros.

Tiene que tener en cuenta que donde quiera que usted llega usted debe representar a cristo y a nosotros como concilio por lo tanto debe representar como es debido. Lo más triste es ver a un miembro de un ministerio hablando mal del ministerio donde pertenece es totalmente in-aceptable. Usted debe tener confianza con su madre o padre espiritual para poder hablar de las cosas de las cuales usted no se está sintiendo bien y estar sabido que todo se resuelve en casa no afuera. Si entendiéramos que ahí un orden y que debemos comprometernos a cumplir con ese orden las cosas fluirían mucho mejor y la misión se llevaría a cabo con más efectividad.

Desarrolla una buena relación con tu pastor, con tu líder con tu apóstol, (el ministerio al cual perteneces) El superintendente distrital o nacional. (Concilio Iglesias del Rey)

Como actúa un verdadero líder

¿Cómo actúa un verdadero líder comprometido con el avance de la obra, de su equipo ministerial y de sus miembros?

1- Crean un ambiente donde las personas se sienten seguras de dar su opinión:

Muchas personas utilizan sus títulos o poder para intimidar a otros. Los verdaderos líderes se aseguran que independientemente de su experiencia o rango dentro de la organización, generen un ambiente donde cualquiera puede expresar su opinión sin temor. Ellos valoran las opiniones de otros basado en un profundo sentido de humildad.

2- Toman decisiones:

Los líderes exitosos saben tomar decisiones y evitan que los equipos pierdan el tiempo en círculos. Ellos facilitan el dialogo, transfieren poder hacia abajo o toman las decisiones ellos mismos. Están enfocados en hacer que las cosas pasen para asegurar que mantienen el momentum del equipo.

3-   Comunican Expectativas

Los líderes exitosos son grandes comunicadores y prestan especial atención en comunicar sus expectativas de desempeño. Los líderes siempre recuerdan qué esperan del equipo y cuáles son los resultados más importantes que deben entregar basados en la misión ministerial.

4-   Retan el pensamiento de otros al cambio

Los líderes exitosos entienden la manera de pensar de otros, sus capacidades y áreas de oportunidad. Ellos utilizan este conocimiento e intuición para retar el pensamiento de los equipos y ayudarlos a pensar más allá de lo que ellos creen que pueden. Los líderes activan el potencial de otros los ayudan a alcanzar lo que ellos tal vez piensan que no pueden alcanzar. Son descubridores de potencial.

Este tipo de líder logra mantener a su equipo de pie nunca dejando que se sientan confortables y ni se devuelvan a su área de confort.

5- Rinden cuentas a otros

Este tipo de líder no tiene problema con rendir cuentas a sus superiores, colegas e inclusive a su equipo. Principalmente se enfocan en asegurarse que los otros tienen éxito, no sólo ellos.

6- Lideran con el ejemplo

Liderar con el ejemplo parece fácil pero no lo es, somos seres humanos y no somos perfectos pero los líderes deben practicar una congruencia casi perfecta entre lo que dicen y hacen. Ellos entienden que todo el mundo los está viendo y se toman su actuación muy en serio.

7- Recompensan los resultados y el trabajo

Los líderes exitosos entienden que necesitan recompensar y reconocer a sus miembros por sus resultados pero también por el trabajo duro a pesar de que no haya traído los resultados deseados.

8- Proveen retroalimentación constantemente

Los miembros o seguidores siempre desean que su líder preste atención a sus acciones. Por ello, los líderes exitosos siempre dan retroalimentación de una forma positiva y oportuna. Esto contribuye enormemente a la creación de relaciones basadas en la confianza.

9- Hacen preguntas, buscan consejo

Los líderes no tienen problema en hacer preguntas y buscar consejo de manera constante. Aunque otros perciban a los líderes como personas que lo saben todo, realmente ellos tienen un deseo profundo por el conocimiento y siempre están buscando nuevos aprendizajes. Ellos tienen un compromiso al desarrollo de la sabiduría.

10- Tienen una actitud positiva

Líderes exitosos crean una cultura positiva y de inspiración en medio de su equipo. Ellos saben cómo manejar su tono y traer una actitud que motiva a sus colegas y miembros a tomar acción.

11- Son grandes maestros

Un buen líder nunca deja de enseñar porque está obsesionado con el aprendizaje. Ellos utilizan la enseñanza para mantener bien alimentados de la palabra a sus miembros y equipo.

12- Invierten en las relaciones

Los líderes exitosos no se enfocan en proteger su dominio, sino más bien en expandirlo desarrollando relaciones mutuamente beneficiosas. Ellos se enfocan en desarrollar y elevar a otros líderes y en consecuencia, expanden su esfera de influencia.

¿Cuáles de estos comportamientos o conductas te vienen naturalmente? ¿Cuáles no? Dedica un tiempo a la reflexión y comprométete intencionalmente en fortalecer las conductas que no te vienen naturalmente.

Integridad

La palabra de Dios dice en proverbios 22:1 De más estima es el buen nombre que muchas riquezas, y la Buena fama más que la plata y el oro

Según el concepto general una persona vale por lo que tiene, pero según la biblia lo importante de una persona es su buen nombre y su buena fama. El pasaje bíblico no enfatiza lo del nombre para que todos nos conozcan sino más bien se refiere a la clase de vida que llevamos, nuestra reputación. Dondequiera que vallamos y nos movamos vamos a ser conocidos y caratulados por la gente. Muchas personas hablaran bien de nosotros y otras no. Sea cual sea nuestra situación debemos aprender a ser personas caracterizadas por la integridad. Una persona tiene un buen nombre y una Buena fama cuando es una persona que vive en integridad delante de Dios.

La integridad no es algo que se hace, produce o una persona obtiene, si no lo que una persona es. Tiene que ver primordialmente con ser. La integridad define la clase de persona que uno es.

La integridad es un rasgo de carácter que se desarrolla día a día. Aprender a caminar en integridad es un proceso. Aprender

a caminar en integridad no es algo inmediato que uno hace de un día para otro. Si no más bien una característica que se va desarrollando cuando se practica día a día.
Proverbios 10:9 El que camina en integridad anda confiado; Más el que pervierte sus caminos será quebrantado.
La palabra integridad viene de una palabra hebrea llamada Tom, que proviene del verbo Tamam que significa Estar completo, cabal, intachable, perfecto.
Una persona íntegra demuestra con sus buenos actos que lo que lleva por dentro es verdadero.
Un cristiano integro no tiene nada que ocultar, no es hipócrita, no usa mascara para que lo conozcan.

El señor Jesús siempre crítico a los hipócritas ellos dicen pero no hacen
Mateo 23:3

Así que, todo lo que os digan que guardéis, guardadlo y hacedlo; más no hagáis conforme a sus obras, porque dicen, y no hacen.

Un cristiano integro es el que siempre quiere agradar a Dios, el que busca parecerse cada día a Jesús.

Proverbios 13:6 La justicia guarda al de perfecto camino; Más la impiedad trastornará al pecador.

11:3 La integridad de los rectos los encaminará;
Pero destruirá a los pecadores la perversidad de ellos.

Solo podremos ser íntegros cuando estemos unidos a Cristo, cuando amemos de corazón a Dios y a nuestros semejantes, entonces podremos dar frutos.

Flp 1:8 Dios es testigo de cuánto los quiero a todos con el entrañable amor de Cristo Jesús.

Flp 1:9 Esto es lo que pido en oración: que el amor de ustedes abunde cada vez más en conocimiento y en buen juicio,

Flp 1:10 Para que disciernan lo que es mejor, y sean puros e irreprochables para el día de Cristo,

Flp 1:11 Llenos del fruto de justicia que se produce por medio de Jesucristo, para gloria y alabanza de Dios.

Escribe un resumen de lo que has aprendido de lo que has leído hasta hoy

----

Características de un Cristiano íntegro

-ES FIEL.

El cristiano fiel siempre se muestra tal como es, viviendo cada día para Dios, cumpliendo su palabra, sin aparentar nada, sigue ante todo al señor sin importar las adversidades, las tentaciones, y las presiones sociales.

1 de reyes 9:4 Y si tú anduvieres delante de mí como anduvo David tu padre, en integridad de corazón y en equidad, haciendo todas las cosas que yo te he mandado, y guardando mis estatutos y mis decretos,

ES HUMILDE.

El humilde siempre reconoce a Dios, sabe que todo le pertenece a él, no es soberbio basado en lo que tiene o lo que es. Salmos 19:12 ¿Quién podrá entender sus propios errores? Líbrame de los que me son ocultos.
19:13 Preserva también a tu siervo de las soberbias;
Que no se enseñoreen de mí;
Entonces seré íntegro, y estaré limpio de gran rebelión.

ACTUAR SIEMPRE CON LA VERDAD

Un cristiano integro se caracteriza por hablar siempre la verdad, no calumnia a su prójimo.

Efesios 4:25 Por lo cual, desechando la mentira, hablad verdad cada uno con su prójimo; porque somos miembros los unos de los otros.

El cristiano integro está confiado y seguro, porque tienen entrada segura a la presencia de Dios, sabe que sus oraciones siempre serán escuchadas.

Salmos 15:1 Jehová, ¿quién habitará en tu tabernáculo?
¿Quién morará en tu monte santo?
15:2 El que anda en integridad y hace justicia,
Y habla verdad en su corazón.
15:3 El que no calumnia con su lengua,
Ni hace mal a su prójimo,
Ni admite reproche alguno contra su vecino.

El cristiano integro no vive lleno de temores, sabe que Dios siempre lo ayudara y lo guiara por el mejor camino, aunque muchas veces se equivoque, Dios le dará la salida.

Dominio Propio

El dominio propio es la capacidad que nos permite controlarnos a nosotros mismos. El domino propio es lo que nos ayuda a controlar nuestras emociones y no que estas nos controlen a nosotros, sacándonos la posibilidad de elegir lo que queremos sentir en cada momento de nuestra vida. Nosotros tenemos la importante posibilidad de ser feliz o no en nuestra vida, a pesar de los acontecimientos externos.

Esos acontecimientos no son los que manejan nuestra vida, sino nosotros mismos con la ayuda de Dios. El dominio propio es uno de los frutos del Espíritu Santo. Somos lo que pensamos y si aprendemos a controlar nuestros pensamientos también así podremos controlar nuestras emociones. Sentimiento, lo podemos definir como una reacción física a un pensamiento. Si no tuviéramos cerebro no sentiríamos. Con algunas lesiones en el cerebro no se siente el dolor físico.

Todas las sensaciones llegan precedidas por un pensamiento y sin la función del cerebro no se pueden experimentar sensaciones. Si se controlan los pensamientos se puede controlar eficazmente las sensaciones y sentimientos. Porque estas vienen de los pensamientos. Pide a Dios que aumente tu capacidad para desarrollar dominio propio o autocontrol.

El derecho de vivir es un verdadero privilegio que pocos pueden apreciar como realmente deberían de hacerlo. La vida viene a ser más importante, más seria y a veces más desafiante, a medida que progresa hacia su periodo de mayor utilidad. Coloca sobre el individuo la responsabilidad de dejar un memorial mucho más grande y duradero que la lápida colocada en su tumba esta responsabilidad es la de cumplir a totalidad con su propósito antes de partir de esta tierra.

La vida significa más que meramente vivir por un espacio de años es cumplir con el propósito asignado.
El mundo tiene un Sistema para lidiar con las personas faltas de dominio propio por ejemplo los padres son los primeros instructores en el arte del dominio propio en sus casas. La obra de los padres es generalmente suplementada por instituciones adicionales. Si el estudiante es apto y aprende bien su lección temprano en la vida, se ahorrará a sí mismo, a sus padres, como también a sus maestros muchas

Dificultades y tristezas. Y aún más que eso, sus padres estarán orgullosos de él como hijo y sus maestros, como discípulo.

Pero si por lo contrario fuera uno de los comparativamente pocos estudiantes indolentes, que fallan en captar rápidamente las lecciones de dominio propio el muchacho sufrirá las consecuencias Y si la falta de dominio propio se volviere incorregible, el estado se haría cargo de la situación por medios de diversos factores como son, las correccionales de menores y guardián de los derechos de la comunidad. Resulta igual para los adultos cuando el adulto falla en dominarse a sí mismo y comete actos inaceptables contra su prójimo el estado se hace cargo por los mimos medios y los envía directo a prisión.

Pero el punto más importante para toda persona joven o adulta es que no necesita que nadie lo mande excepto cuando fracasa en mandarse a sí mismo. El dominio propio podría considerarse como uno de los factores de mayor importancia en lo que es la personalidad de un individuo. Y realmente este representa mucho para una persona, ya que este sirve digamos como guía a la manera o forma de actuar de determinada persona.

Es por esto que se llega a la conclusión de que: "Un carácter noble no es resultado de casualidad, claro que no, si no dé con la ayuda de Dios aprender disciplina y recibir la instrucción. Sacar de nuestros corazones toda rebeldía y toda obstinación nos puede salvar de muchos problemas. Muchas veces los seres humanos somos tan rebeldes que no queremos ni escuchar a Dios mucho menos a nuestros padres o a las personas a las cuales en verdad le importamos y que por eso se toman el tiempo para corregirnos y tratar de guiarnos por el camino correcto. Tenemos que practicar disciplina propia, dominio propio, o podría decirse sujeción de la naturaleza inferior a la superior, de la entrega del yo al servicio de Dios y de los hombres. . . "Es muy importante de desarrollar la mente y el alma para la edificación del carácter. De ahí que el adversario de las almas encauce sus tentaciones para debilitar y degradar las facultades físicas. El éxito que obtiene en ellos significa con frecuencia la entrega de todo el ser al mal".

A todos nos molesta que nos falle aquello que esperábamos como seguro. Es normal que nos disguste y hasta que nos enfademos por ello. Cuando este sentimiento se convierte en rabia, hostilidad, incluso agresividad, y especialmente cuando resulta inmovilizante, sin permitirnos reaccionar contra el problema, entonces nos lleva a la pérdida del dominio propio. Por lo general el origen de la pérdida del dominio propio es el deseo de que todos sean como nosotros. Con nuestras mismas reacciones y comportamientos. Pero la pérdida del dominio propio no es algo innato al ser humano, sino un hábito adquirido.

Las ocasiones en las que surge son frecuentes y comunes a todas las personas. El mero hecho de conducir parece incitar al enfado contra los demás conductores, así como los tapones (línea de carros que no avanza), los juegos competitivos, los impuestos, la falta de puntualidad o el haber cometido un error o un olvido. En cualquier caso, la pérdida del dominio propio no sólo resulta molesta e inútil para aportar soluciones, sino que incluso nos impide disfrutar del momento y de la situación.

Suele considerarse algo normal y un signo de carácter y hasta de entusiasmo, pero la realidad es que la pérdida del dominio propio llevado a su extremo tiene efectos perjudiciales sobre lo físico, lo psicológico pero sobre todo lo espiritual. Por otro lado interfiere en las relaciones personales por ser un obstáculo a la comunicación y favorece la culpabilidad y la depresión.

No se puede evitar sentirse desilusionado por la frustración de lo que sucede, ni dejar de sentir rabia o enfado, pero sí evitar que el sentimiento de la ira nos domine y afecte a nuestra vida. Resulta paradójico que la clave para superar este sentimiento, originado por nuestro deseo de controlar a los demás, es precisamente no dejarnos dominar por ellos ni por los sentimientos que nos inspiran. Y para esto, no hay como tener simplemente mantenerse en comunión con Dios y pedirle día a día que él sea quien nos ayude a controlarnos y que él tome el dominio y el control total de nuestro carácter y de nuestro pensamiento y de nuestras actitudes. Abandónate en los brazos del señor y podrás ver grandes progresos día a día dentro de ti.

Enfócate

Estoy enfocada cuando mis sentidos (vista, oído, olfato…) y por ello mi percepción, pensamientos, emociones y conductas están alineados con el objeto o la tarea en cuestión. Este enfoque me permite conseguir mis objetivos de una manera más rápida y fácil. Gracias al enfoque puedo ser más efectivo con menos esfuerzo. . ¿Qué sucede cuando estoy enfocado? Hay mayor coherencia en mis ondas cerebrales. Priorizo y centro mi atención en el sector de la realidad que me interesa. Tengo claro lo que quiero y lo puedo conseguir más fácilmente ya que tengo menos dispersión y más energía concentrada. Mis movimientos son más refinados y cada vez con menos esfuerzo. Optimizo mis recursos. Me vuelvo más hábil. Mis conductas se van tornando más eficientes. . Beneficios Aumenta el estado de placer y satisfacción al estar fusionado con lo que hago. Puedo hacer más y mejor y de un modo sostenible en el tiempo: optimizo mi rendimiento Ahorro en mis recursos: ej. Tiempo y esfuerzo. Aumento la calidad de lo que hago y evito o disminuyo desperdicios, fallos o lesiones. ¿Cómo lo consigo? Cualquier técnica de relajación, Orar o meditar puede favorecer la habilidad de estar enfocado. Practica estar en el presente. Empieza tu actividad centrándote en el aquí y ahora, observando tu respiración y así te predispondrás a estar plenamente presente. Imita aquel ejemplo que te inspira. Aprender a focalizar tu atención en lo que necesitas en cada momento de la vida, personal o profesional, para obtener un nivel de excelencia constante.

La palabra atención proviene del latín attedere, que significa "ir hacia". Por lo tanto, atender es una función mental que nos conecta con el mundo de manera selectiva, construye un bosquejo sobre este mundo e impacta en nuestra experiencia perceptiva y cognitiva.

Daniel Goleman, (famoso autor de La Inteligencia Emocional), en su libro "Focus, el motor de la excelencia" dice que nuestra capacidad de atención determina nuestro desempeño.

Esta capacidad del cerebro contiene diversas operaciones, entre ellas: el razonamiento, la memoria, el aprendizaje, la percepción de nuestros sentimientos y motivos y la comprensión de las emociones de los demás.

La ciencia del conocimiento estudia una amplia variedad de aspectos vinculados con la atención, tales como la concentración enfocada en un punto, la selectividad de la atención y la manera en que la mente dirige la atención hacia adentro (introspección o reflexión humana) para realizar operaciones mentales.

La atención tiene tres direcciones: hacia el interior, hacia los demás o hacia el contexto (lo exterior).

Dice Goleman: "una vida satisfactoria exige destreza en cada una de estas facetas" y nos sorprende afirmando que la habilidad mental de focalizar es pasible de ser mejorada con entrenamiento. Por ejemplo mediante la meditación.

Podemos afirmar entonces, que cuanto más fuerte sea nuestra atención selectiva, tanto más podremos involucrarnos en lo que hacemos.

Esta información nos lleva rápidamente a reflexionar en nuestra vida organizacional, con exigencias de atención sobre temas complejos tanto relativos a la naturaleza del rol gerencial que desempeñamos como de las emociones propias y ajenas que esto promueve. Por lo tanto, es sencillo concluir que una gestión gerencial efectiva necesita de tres tipos de atención: la atención que está en sintonía con la intuición, con lo que sentimos y con nuestros valores para arribar a las decisiones más asertivas.

La atención en los demás, porque nos facilita "conocer" al otro y comprender mejor sus acciones y motivaciones. Y la atención hacia el exterior, porque es indispensable para transitar por la realidad.

"Un líder desconectado de su mundo interior no maneja el timón de su vida. El que está ciego al mundo de los demás está perdido. El indiferente a los sistemas más amplios en los que opera, es vulnerable. Si disfrutamos de lo que hacemos alinearemos nuestra atención con lo que es fuente de nuestro disfrute. Los líderes que son altamente efectivos, son aquellos que se apasionan con su trabajo y ponen en juego estas tres direcciones de la atención de una manera natural. La motivación hace fluir y guía nuestra atención.

Medita en estos versos bíblicos y opiniones

Filipenses 3:12-14

No que ya lo haya alcanzado o que ya haya llegado a ser perfecto, sino que sigo adelante, a fin de poder alcanzar aquello para lo cual también fui alcanzado por Cristo Jesús. Hermanos, yo mismo no considero haber lo ya alcanzado; pero una cosa hago: olvidando lo que queda atrás y extendiéndome (enfocándome) en lo que está delante, prosigo hacia la meta para obtener el premio del supremo llamamiento de Dios en Cristo Jesús....

"Para lograr un enfoque espiritual, se necesita apoyarse lo menos posible la realidad, porque la realidad se opone a lo espiritual."
—Piet Mondrian

"El enfoque proactivo consiste en cambiar de adentro hacia afuera: ser distinto, y de esta manera provocar un cambio positivo en lo que está allí afuera: puedo ser más ingenioso, más diligente, más creativo, más cooperativo."
—Stephen Covey

Peligros de la distracción

Lamentablemente, en la vida cotidiana las personas no suelen hacer lo que les da placer y por tanto se sienten aburridas o estresadas. Así, su atención se dispersa y consecuentemente también se empobrece la calidad de su vida, de su mundo interior y de su relación con los demás.

La mente errante podría ser uno de los motivos de pérdida de la atención en el trabajo.

Uno de los peligros de la distracción, tiene que ver con las situaciones cotidianas de dependencia con la tecnología. Mails, redes sociales, mensajes telefónicos, blogs, chats son un ruido que obliga a esforzarse por mantener foco o concentración cuando se está desarrollando una tarea. ¿Difícil? Sí, pero no imposible.

Al igual que la fatiga física, la fatiga mental tiene remedio: el descanso. Y la forma de descanso mental es desconectarse y disminuir la actividad mental hacia un estado más relajado.

En ese caso, una caminata por un lugar arbolado y tranquilo, encontrarnos con un ser querido con quien podamos tener una buena conversación o simplemente reírnos, será suficiente para recomponernos. "La sutil agitación que provoca una percepción agradable orienta nuestra atención aun antes de que podamos expresar la decisión con palabras" (D. Goleman)

El otro peligro de la distracción es anular alguna de las tres direcciones que tiene nuestra atención; por ejemplo, la atención relacionada con los demás.

Vemos permanentemente parejas sentadas una frente al otro, sin hablarse y concentradas en sus teléfonos, o gerentes que interrumpen una conversación laboral importante con un colaborador por mirar el mail que entró en su teléfono. Chateamos largo tiempo con un amigo en una red social pero no invertimos tiempo para encontrarnos personalmente o bien hablar por teléfono. Esto no solo va mutilando nuestras habilidades sociales, sino que también nos empuja hacia la vulnerabilidad del fenómeno de las adicciones.

El neurólogo argentino Facundo Manes ha escrito recientemente un artículo en el cual describe a la adicción ya no como una debilidad moral o una falta de fuerza de voluntad, sino como una enfermedad crónica con cambios cerebrales específicos. Así como la enfermedad cardíaca afecta el corazón y la hepatitis el hígado, la adicción afecta el cerebro, lo secuestra. De hecho la palabra "adicción" deriva del latín "esclavizado por" y se manifiesta en el anhelo por el objeto del que se es adicto, la pérdida de control sobre su uso y la necesidad imperiosa de continuar así a pesar de las consecuencias adversas que eso con lleva".

Mantenernos enfocados será una batalla la cual tendremos que estar dispuestos a pelear. Esa es la única manera de poder lograr nuestros objetivos en cualquier área de nuestras vidas.

Sacrificio & Trabajo Duro

Dios es un Dios que trabaja y nosotros debemos estar dispuestos a trabajar por su obra, a trabajar por su causa sin miedo y sin excusas. Dios hizo la tierra dice la biblia en génesis 2; 2 que el 7 día fue cuando el Descanso de su trabajo aleluya.

Juan 5; 16-17
A causa de esto los judíos perseguían a Jesús, porque hacía estas cosas en el día de reposo. Pero Él les respondió: Hasta ahora mi Padre trabaja, y yo también trabajo.

La iglesia está llamada a proclamar la verdad con palabras y hechos, sabiendo que El oye la oración de sus hijos y Dios sana, en la cruz Cristo llevó nuestras enfermedades, Jesús dijo: "En el mundo tendréis aflicciones, pero confiad, yo he vencido al mundo" Juan16: 33, debemos permanecer en la fe porque "es necesario que a través de muchas tribulaciones entremos en el reino de Dios" Hechos14: 22, pero debemos entrar "por la puerta estrecha y por el camino angosto que lleva a la vida porque la puerta ancha y el camino espacioso llevan a la perdición" Mateo 7:13-14; Él manda, y nosotros obedecemos, todo lo hace a través de sus instrumentos, de nosotros, y si seguimos su dirección seremos prosperados y tendremos victoria.

Se necesita ser valiente para hacer la obra de Dios, pues tenemos que esforzarnos conforme a la voluntad de Dios, y poner manos a la obra; y acá vemos otra cosa importante, cuando empezamos a cumplir debemos hacerlo planificando la acción, y marchando al frente a poseer la tierra, sin esperar que otros nos lleven alzado o a los tirones; hemos recibido el poder para trabajar en Su obra, y ese poder nos fue dado directamente por el Señor, ya estamos capacitados espiritualmente para poner manos a la obra, entonces…., "Anímate y esfuérzate, y manos a la obra; no temas, ni desmayes, porque Jehová Dios, mi Dios, estará contigo; él no te dejará ni te desamparará, hasta que acabes toda la obra para el servicio de la casa de Jehová. He aquí los grupos de los sacerdotes y de los levitas, para todo el ministerio de la casa de Dios, estarán contigo en toda la obra; asimismo todos los voluntarios e inteligentes para toda forma de servicio, y los príncipes, y todo el pueblo para ejecutar todas tus órdenes" 1 Crónicas 28:20-21.

Anímate, no te rindas, no te confundas, no caigas, no te atemorices, no te desanimes por lo que veas, sino permanece alerta, firme, y fuerte, pon tus metas en la meta de Dios, estabiliza tus pensamientos para que generen acciones edificantes, "esforzaos todos vosotros los que esperáis en Jehová Y tome aliento vuestro corazón" Salmos 31:24; sólo los que esperamos en Dios tendremos la victoria, pues tenemos el aliento que Dios sopló para convertirnos en alma viviente que revive con la vida de Jesucristo a través del Espíritu Santo que hace morada en nuestro interior.

Se necesita valor para permanecer en el reino pues hay tantas tentaciones en el mundo, tantos atractivos, tantas invitaciones a disfrutar los placeres de la carne que si nos acobardamos, moriremos, por eso recordemos que "Dios no nos ha dado espíritu de cobardía sino de poder, de amor y de dominio propio" 2 Timoteo 1:7; Esdras lloraba postrado delante de Dios confesando el pecado del pueblo y un hombre llamado Secanías se le acercó y le dijo: "Levántate, porque esta es tu obligación, y nosotros estaremos contigo; esfuérzate, y pon mano a la obra" Esdras 10:4.

El mandato se repite constantemente y vale para todos los siervos de Dios: Levántate, esfuérzate, ten valor, pero ahora nos habla de que es una obligación, pues es necesario que estemos conscientes de nuestra obligación con Dios; con todo lo que está aconteciendo en el mundo, hoy más que nunca es nuestra obligación y nuestro compromiso movernos en la obra del Señor, Dios nos está llamando a ser valientes, entonces dejemos de poner excusas, esforcémonos y peleemos porque esa es nuestra obligación.

Satanás está tratando de detener la acción del Espíritu Santo en el hombre, trata de hacerle perder el equilibrio y dudar, trata de paralizarlo para que se salga del camino de Dios, pero debemos tener la seguridad que esa lucha contra el enemigo de la justicia tiene la promesa de victoria que el Señor ha hecho; la batalla es fuerte, pero el Señor está con nosotros, y "si Dios es por nosotros, ¿quién contra nosotros? El que no escatimó ni a su propio Hijo, sino que lo entregó por todos nosotros, ¿cómo no nos dará también con él todas las cosas?" Romanos 8:31-32, Satanás ya está vencido, y los que seguimos a Jesús proclamamos ahora la victoria.

Aquí está el cuerpo de Cristo, Él es la cabeza, pero tiene manos, tiene pies, tiene ojos, tiene oídos, tiene boca, tiene nariz, entonces pregúntate: ¿Quién soy en ese cuerpo?; ¿Soy la mano?, pues a juntarse todas las manos y a trabajar ya que hay mucha obra en Dios para las manos.

¿Soy pie?, pues a juntarse los pies y a caminar llevando el evangelio de salvación, hay que guiar a los perdidos a Cristo, hay que ayudarles a los cojos para que puedan andar.

¿Soy boca?, pues a unirse las bocas para alabar al Señor, "por tanto, así dijo Jehová: Si te convirtieres, yo te restauraré, y delante de mí estarás; y si entresacares lo precioso de lo vil, serás como mi boca" Jeremías 15:19; pregonemos la Palabra, proclamemos que Jesucristo es el Señor y que sólo en El hay salvación y vida eterna.

También la nariz es importante, pues huele lo que está mal en la iglesia, tienen discernimiento y pueden orar para que se sane, detectan el peligro y hacen que se pueda corregir; también los ojos y los oídos, todos los miembros del cuerpo bien concertado deben trabajar con una sola meta.

Hay que advertir a las ovejas que es tiempo de volver a las sendas que conducen a Cristo, pero para eso hay que tener fe y valor, escuchemos la voz de Dios que nos dice: "Mira que te mando que te esfuerces y seas valiente; no temas ni desmayes, porque Jehová tu Dios estará contigo en dondequiera vayas" Josué 1:9, "te mando a que te levantes, te esfuerces y seas valiente" Josué 1:2-6; "tú, pues, esfuérzate en la gracia que es en Cristo Jesús... Tú pues sufre penalidades como buen soldado de Jesucristo. Ninguno que milita se enreda en los negocios de la vida, a fin de agradar a Aquél que lo tomó por soldado. Si somos muertos con ÉL, también viviremos con Él; si sufrimos, también reinaremos con Él" 2 Timoteo 2:3-4, 11-12.

NOTA

Hay mucho trabajo en el Señor, hay batallas que ganar, hay que salir a rescatar a las familia que está en crisis, hay que sacar a la juventud de la droga y el alcohol, hay que rescatar a los prisioneros de los vicios y la lujuria, hay que rescatar a los niños abusados y maltratados, hay mucho trabajo en el Señor por hacer, y nosotros tenemos la obligación de poner todo de nuestra parte para hacerlo.

La perseverancia

La perseverancia es un esfuerzo continuo, supone alcanzar lo que se propone y buscar soluciones a las dificultades que puedan surgir, un valor fundamental en la vida para obtener un resultado concreto.

La mujer del flujo de sangre es un ejemplo perfecto de perseverancia y por supuesto de Fe. Ella se dispuso ir tras Jesús y no descansar hasta que tocara el borde de su manto. Eso puede sonar sencillo pero fue una tarea difícil ella tuvo que tener perseverancia, estoy segura que ella ya lo había intentado aunque la biblia no lo dice, pero llego el día en que lo logro. Ella fue arriesgada y venció sus temores para alcanzar su meta (su sanidad).

La perseverancia es tan crucial para Dios que nos ha dejado 33 versículos en la Biblia que hablan acerca de su importancia, aquí tienes algunos de ellos:

1 Crónicas 28:7

Y si persevera en cumplir mis *leyes y mis normas, como lo hace hoy, entonces afirmaré su reino para siempre."

Daniel 12:13

Pero tú, persevera hasta el fin y descansa, que al final de los tiempos te levantarás para recibir tu recompensa." »

Lucas 8:15
Pero la parte que cayó en buen terreno son los que oyen la palabra con corazón noble y bueno, y la retienen; y como perseveran, producen una buena cosecha.

Reflexión y oración
Ayúdame a perseverar en tu voluntad y a producir frutos que sean de tu agrado. Gracias por todos y cada uno de los talentos, dones y debilidades que has colocado en mí. Dame un corazón limpio y puro para adorarte y alabarte hasta el final de mis días.

Hechos 14:22
Fortaleciendo a los discípulos y animándolos a perseverar en la fe. «Es necesario pasar por muchas dificultades para entrar en el reino de Dios», les decían.

Romanos 2:7
Él dará vida eterna a los que, perseverando en las buenas obras, buscan gloria, honor e inmortalidad.

Romanos 5:2-4
También por medio de él, y mediante la fe, tenemos acceso a esta gracia en la cual nos mantenemos firmes. Así que nos *regocijamos en la esperanza de alcanzar la gloria de Dios. Y no sólo en esto, sino también en nuestros sufrimientos, porque

sabemos que el sufrimiento produce perseverancia; la perseverancia, entereza de carácter; la entereza de carácter, esperanza.

Romanos 12:12
Alégrense en la esperanza, muestren paciencia en el sufrimiento, perseveren en la oración.

Efesios 6:18
Oren en el Espíritu en todo momento, con peticiones y ruegos. Manténganse alerta y perseveren en oración por todos los *santos.

2 Tesalonicenses 1:4
Así que nos sentimos orgullosos de ustedes ante las iglesias de Dios por la perseverancia y la fe que muestran al soportar toda clase de persecuciones y sufrimientos.

Hebreos 10:36
Ustedes necesitan perseverar para que, después de haber cumplido la voluntad de Dios, reciban lo que él ha prometido.

Hebreos 12:1
Dios disciplina a sus hijos Por tanto, también nosotros, que estamos rodeados de una multitud tan grande de testigos, despojémonos del lastre que nos estorba, en especial del pecado que nos asedia, y corramos con perseverancia la carrera que tenemos por delante.

Santiago 1:25
Pero quien se fija atentamente en la ley perfecta que da libertad, y persevera en ella, no olvidando lo que ha oído sino haciéndolo, recibirá bendición al practicarla.

Santiago 5:11
En verdad, consideramos *dichosos a los que perseveraron. Ustedes han oído hablar de la perseverancia de Job, y han visto lo que al final le dio el Señor. Es que el Señor es muy compasivo y misericordioso.

Aprende a conocer a Dios

Dios el Padre, Jesucristo, y el Espíritu Santo son descritos en la Biblia en términos de su naturaleza. Cuando hablamos de "naturaleza" entendemos cualidades básicas que describen a Dios. Estas cualidades son también conocidas como "atributos" los cuales significan "características".

La Biblia revela que Dios es...

Trinó:

Dios posee una naturaleza trina. Esto quiere decir que tiene tres personalidades distintivas, aunque es un solo Dios:
- "Oye, Israel: Jehová, nuestro Dios, Jehová uno es" (Deut. 6:4).

Las tres personas de la Trinidad de Dios son llamadas Dios el Padre, Jesucristo el Hijo, y el Espíritu Santo. Hay varias escrituras que confirman esta trina naturaleza de Dios. Cuando Jesús estaba siendo bautizado por Juan el Bautista en el río Jordán, Dios habló y el Espíritu Santo descendió:
- "Y Jesús, después que fue bautizado, subió enseguida del agua, y en ese momento los cielos le fueron abiertos, y vio al Espíritu de Dios que descendía como paloma y se posaba sobre él. Y se oyó una voz de los cielos que decía: Este es mi Hijo amado, en quien tengo complacencia" (Mateo 3:16-17).

Antes del regreso al cielo después de Su ministerio en la tierra, Jesús habló de la venida del Espíritu Santo de parte de Dios:
•"Pero cuando venga el Consolador, a quien yo os enviaré del Padre, el Espíritu de verdad, el cual procede del Padre, él dará testimonio acerca de mí" (Juan 15:26).

El apóstol Pedro habló de esta naturaleza trina de Dios:
•"Si sois ultrajados por el nombre de Cristo, sois bienaventurados, porque el glorioso Espíritu de Dios reposa sobre vosotros. Ciertamente, por lo que hace a ellos, él es blasfemado, pero por vosotros es glorificado" (1 Pedro 4:14).

El apóstol Pablo habló de la Trinidad en sus escritos:
•"Porque la ley del Espíritu de vida en Cristo Jesús me ha librado de la ley del pecado y de la muerte. Lo que era imposible para la Ley, por cuanto era débil por la carne, Dios, enviando a su Hijo en semejanza de carne de pecado, y a causa del pecado, condenó al pecado en la carne" (Romanos 8:2-3).
•"La gracia del Señor Jesucristo, el amor de Dios y la comunión del Espíritu Santo sean con todos vosotros. Amén" (2 Corintios 13:14).
•"Porque por medio de él los unos y los otros tenemos entrada por un mismo Espíritu al Padre" (Efesios 2:18).

El libro de Hechos también verifica la trina naturaleza de Dios:
•"Así que, exaltado por la diestra de Dios y habiendo recibido del Padre la promesa del Espíritu Santo, ha derramado esto que vosotros veis y oís" (Hechos 2:33).

Aquí hay un diagrama que ilustra la naturaleza trina:

Eterno:

La Trinidad de Dios es eterna sin principio ni final:
•"Señor, tú nos has sido refugio de generación en generación. Antes que nacieran los montes y formaras la tierra y el mundo, desde el siglo y hasta el siglo, tú eres Dios" (Salmos 90:1-2).
•"Plantó Abraham un tamarisco en Beerseba, e invocó allí el nombre de Jehová, Dios eterno" (Génesis 21:33).

La eterna naturaleza de Dios es mejor ilustrada por un círculo. Este círculo no tiene un principio visible o un punto de final, aunque existe:

La Naturaleza Eterna De Dios

Un Espíritu:

Dios es un espíritu. Esto significa que no tiene carne ni sangre y por lo tanto, invisible a los ojos naturales del hombre.
•"Dios es Espíritu, y los que lo adoran, en espíritu y en verdad es necesario que lo adoren" (Juan 4:24).

Soberano:

Dios es el poder soberano (el más grande) en todo el universo. Lee Efesios 1 y Romanos 9.

Omnipresente:

Esto significa que Dios está presente en todas partes:
- "Porque los ojos de Jehová contemplan toda la tierra, para mostrar su poder a favor de los que tienen un corazón perfecto para con él. Locamente has procedido en esto; por eso de aquí en adelante habrá más guerra contra ti" (2 Crónicas 16:9).
- "Los ojos de Jehová están en todo lugar, mirando a los malos y a los buenos" (Proverbios 15:3).
- "¿A dónde me iré de tu espíritu? ¿Y a dónde huiré de tu presencia? Si subiera a los cielos, allí estás tú; y si en el seol hiciera mi estrado, allí tú estás" (Salmos 139:7-8).

Omnisciente:

Esto significa que Dios conoce todas las cosas:
- "Pues aún no está la palabra en mi lengua y ya tú, Jehová, la sabes toda" (Salmos 139:4).
- "… mayor que nuestro corazón es Dios, y él sabe todas las cosas" (1 Juan 3:20).
- "… antes bien todas las cosas están desnudas y abiertas a los ojos de aquel a quien tenemos que dar cuenta" (Hebreos 4:13).

Omnipotente:

Esto significa que Dios es todo poderoso:
- "—Yo soy el Dios Todopoderoso…" (Génesis 17:1).
- "…—pero para Dios todo es posible" (Mateo 19:26).

- "… porque el Señor, nuestro Dios Todopoderoso, reina" (Apocalipsis 19:6).
- "Una vez habló Dios; dos veces he oído esto: que de Dios es el poder" (Salmos 62:11).

Sin cambios:

Dios no cambia Su persona, naturaleza, propósito o planes:
- "Porque yo, Jehová, no cambio…" (Malaquías 3:6).
- "Jesucristo es el mismo ayer, hoy y por los siglos" (Hebreos 13:8).

Santo:

Dios es sin pecado, absolutamente puro:
- "Santos seréis, porque santo soy yo, Jehová, vuestro Dios" (Levítico 19:2).

Justo:

Dios es justo e imparcial en juicio:
- "Es un Dios de verdad y no hay maldad en él; es justo y recto" (Deuteronomio 32:4).

Fiel:

Dios mantiene sus promesas y es absolutamente digno de confianza.
- "…él permanece fiel, porque no puede negarse a sí mismo" (2 Timoteo 2:13).

Benevolente:

Dios es bueno, amable y desea tu bien:
- "Bueno es Jehová para con todos, y sus misericordias sobre todas sus obras" (Salmos 145:9).

Misericordioso:

Dios muestra misericordia a la humanidad pecadora:
- "… — ¡Jehová! ¡Jehová! Dios fuerte, misericordioso y piadoso; tardo para la ira y grande en misericordia y verdad, 7 que guarda misericordia a millares" (Éxodo 34:6-7).

Gracia:

Dios muestra bondad inmerecida al hombre pecador:
- "… porque soy misericordioso" (Éxodo 22:27).
- "Clemente y misericordioso es Jehová, lento para la ira y grande en misericordia" (Salmos 145:8).

Amante:

Dios es amor:
- "El que no ama no ha conocido a Dios, porque Dios es amor" (1 Juan 4:8).

Sabio:

Dios posee un profundo entendimiento y un agudo discernimiento.
•"Jehová fundó la tierra con sabiduría, afirmó los cielos con inteligencia" (Proverbios 3:19).

Infinito:

Dios no está sujeto a las limitaciones naturales ni humanas. No está sujeto a las limitaciones del espacio: •"Pero ¿es verdad que Dios habitará sobre la tierra? Si los cielos, y los cielos de los cielos, no te pueden contener; ¿cuánto menos esta Casa que yo he edificado?" (1 Reyes 8:27).
No está sujeto a las limitaciones del tiempo:
•"¡Jehová reinará eternamente y para siempre!" (Éxodo 15:18).

La intimidad con Dios te ayuda a conocerle más

Dios creó a cada uno de nosotros con una necesidad de intimidad -- intimidad con Él. Por lo tanto, debemos llegar a entender lo que Él nos está pidiendo y lo que está ofreciendo. Debemos darnos cuenta de que fuimos creados para tener relación íntima con nuestro Creador. Lo necesitamos y Él nos anhela celosamente.

"¿Dios nos anhela?" ¡Sí! Él nos anhela celosamente, desea nuestra compañía. Él dio lo mejor de Sí en Su Hijo unigénito, para redimir a lo que Adán renunció en el Jardín. Él lo hizo en busca de intimidad.

La intimidad jamás involucra sólo a una persona. Como dice el antiguo refrán: "Se necesitan dos para bailar tango." Dios ha hecho un gran esfuerzo para bailar con la humanidad. Desde el tiempo en que caminó con Adán en el Edén hasta hoy, Su deseo no ha disminuido, ni cambiado.

Tan apasionado era Su deseo después de que Adán y Eva pecaron, que trabajó intensamente a través del tiempo para regresar a la humanidad a un lugar de íntima y comunión con él. Él nos dio el Regalo supremo para poder caminar con nosotros en el jardín de nuestras vidas (Juan 3:16). Desde el Jardín, el Señor llamó a Adán. Hoy, Él está diciendo nuestros nombres, esperando para compartir Su corazón con nosotros, esperando para escuchar las expresiones de nuestros corazones.

Ahora que entendemos mejor los deseos de intimidad de Dios, consideremos lo que con lleva. ¿Qué significa? ¿Es difícil de lograr? No es una tarea difícil. Todo lo que requiere es nuestra búsqueda incesante de una relación creciente y duradera con Dios.

El mayor obstáculo para la comunicación con Dios es nuestra percepción de quién es Él. Basar nuestra percepción del carácter de Dios en las acciones o actitudes impías de otros, torcerá nuestro entendimiento de Su naturaleza. A menudo, circunstancias de nuestras vidas nos impiden acercarnos a Él. Pero David dice en el Salmo 27:10 "Aunque mi madre y mi padre me dejaran, con todo, Jehová me recogerá." En otras palabras, sin importar quién nos abandone, nos traicione, o nos hiera, el Señor está listo, deseoso y preparado para abrazarnos.

Dios dice por toda Su Palabra que Él es nuestro castillo fuerte, nuestro refugio, nuestro escondite -- para mencionar sólo unos pocos. Él es nuestra seguridad, aunque la mayoría de las veces tendemos a encontrar seguridad en nuestra posición, nuestra riqueza, y hasta en nuestros amigos y familiares.
De alguna manera, pensamos que si intimamos con Dios, perderemos nuestra seguridad. De hecho, ocurre lo opuesto. Conocemos a Dios, y Él incorpora todas las áreas de nuestras vidas, mejorando cada una con Su presencia, poder, y transformación -- sentándonos en un lugar seguro en Él.

Entonces, ¿cómo hacemos esto? Acudimos a Dios y nos aferramos a Él con el conocimiento de que estamos haciendo aquello para lo que fuimos creados, y Él no nos rechazará (Lucas 11:9). Dios nos dice que Él jamás se parcializa con nadie (Job 34:19). Él proveyó para que todos vivamos abundantemente en Su presencia.

Usted no puede conocer a alguien si no pasa tiempo con esa persona. La intimidad se desarrolla como resultado de un contacto íntimo con alguien por un periodo de tiempo. Se crea la confianza, crece la seguridad, y los corazones cambian, llegando a quererse el uno al otro. ¿Alguna vez pensó en el hecho de que Él está esperando por ti en este momento? ¡Qué pensamiento tan extraordinario! El "Creador" de todo lo que existe o existirá está esperando para hablar con contigo y conmigo.

Pero usted dirá: "Usted no conoce mi itinerario." Sí lo conozco. Yo soy como usted. Pero la vida se construye con muchos pequeños momentos. En los pequeños momentos es donde usted comienza. Usted puede comenzar diciendo simplemente: "Te amo, Jesús."

¿Qué pasaría si usted pasara su día repitiendo: "Jesús me ama," e hiciera esto por una semana? Su corazón cambiaría. El primer paso hacia la intimidad tendría lugar: hablando, compartiendo.

Usted podría citar Escrituras o decirle: "Te amo." Estos momentos se multiplicarán, y su vida entera estará llena de pensamientos de Él.

Esto es lo que quiero decir al decir que es simple: Si usted lucha en cierta área de su vida y necesita conocer la opinión de Dios sobre el asunto, encuentre una Escritura que encaje con la necesidad y haga el mismo ejercicio. Verá, no solamente Dios quiere tener largos momentos de comunión con nosotros, sino que desea diseminarlos por todo nuestro día. Antes de que se dé cuenta, sus deseos cambiarán, y usted se encontrará continuamente en un lugar de comunión -- buscándolo primero, deseándolo, y necesitándolo de una manera, que esos momentos no serán suficientes.

Cuando desee experimentar momentos más íntimos con Él, ponga un CD instrumental o busque en you tube música instrumental para orar mientras se relaja, hasta cuando maneje o trabaje. La intimidad no tiene que ver siempre con el hablar. Una relación íntima con Dios puede edificarse al sentarse silenciosamente con Él, meditando en Su bondad y amor.

Cuando el pensar en Él no sea suficiente, háblele familiarmente. Después de todo, Jesús anduvo como hombre e hizo relaciones de la misma manera que lo hacemos hoy. Si usted pasa tiempo en la Palabra, Él comenzará a contestar esos pensamientos en su corazón, dándole guía y aliento. Mientras más lea y conozca, más escuchará en su tiempo con Él.

¿Dijo "escuchar"? Sí, esta es la segunda parte de la intimidad: escuchar y oír. Cuando Él le responde en su corazón: "Te amo pase lo que pase." Sería bueno tener un cuaderno para anotar las palabras y pensamientos que Él imprima en usted. Estos recuerdos serán útiles en las temporadas de silencio. Él nos dice que hagamos memoria de Su palabra, y eso incluye lo que Él habla en nuestros corazones.

Recuerde, Él desea escuchar acerca de cada pensamiento, deseo, y sueño. En la Biblia, David le dijo a Dios que estaba enojado. ¿Sabía Dios que David estaba enojado? Por supuesto. Pero Él quería que David se lo dijera. Esto le permitió a David escuchar el corazón de Dios y ventilar su enojo en alguien que entendía, sin dirigirlo hacia otros. Él escogió recordar la fidelidad de Dios en su vida y actuar en consecuencia.

No hay nada que usted no pueda decirle a Dios. No hay nada en su corazón o pensamientos que Él quiera que usted le oculte. Él no quiere que usted cargue con un yugo que Él desea llevar (Mateo 11:28-29). Considere esto: Nada toma por sorpresa a Dios. Él está consciente de cada aspecto de nuestras vidas (Hebreos 4:13). Aun así, Él todavía nos ama y nos quiere con un amor eterno.

De un paso de fe, y desahogue su corazón con el Amante de su alma. Dispóngase a escuchar, y Él hablará. Las semillas de intimidad crecerán abundantemente.

El Ayuno
Una herramienta poderosa

Hay muchos ejemplos de éste en la Palabra de Dios. Éstos revelan la verdadera naturaleza del ayuno.

Jonás 3:1-7 relata cómo la ciudad de Nínive reaccionó al sobrio mensaje de Jonás por parte de Dios. Todas las personas "proclamaron ayuno…desde el mayor hasta el menor de ellos" (vs. 5). El versículo 7 dice que el mismo rey declaró, "Hombres y animales, bueyes y ovejas, no gusten cosa alguna; no se les dé alimento, ni beban agua".

En Levítico 23:27-29, Dios ordenó a los Israelitas "afligiréis vuestras almas [cuerpos]" en el Día de Expiación. La celebración anual de este Día Santo debía mantenerse "en la tarde; de tarde a tarde" (vs. 32). Este mismo día se conoce como "el ayuno" en Hechos 27:9 y en los márgenes de muchas otras traducciones de la Biblia.

Todos estos versículos muestran lo que es el ayuno: estar sin comer y beber por los menos durante un período de veinticuatro horas.

Cuando usted ayuna, lo siente; está afligiendo su cuerpo. Puede sentirse lento o con falta de energía. Su estómago le puede doler, y sentirá sed. Si usted es un bebedor regular de café o soda, podría experimentar dolor de cabeza a causa de la cafeína.

Incluso podría sentir como que se va a morir, pero no la hará. Usted puede sobrevivir sin comida. Su cuerpo estará aún "comiendo", incluso si usted no lo está haciendo; éste usará sus reservas. Nuestro Creador sabe que es posible para usted vivir sin comida ni agua por lo menos durante un día. Reconozca que Dios no le diría a usted que haga algo que es imposible.

Usted necesita a Dios

¿Qué tan beneficioso es espiritualmente el ayuno? ¿Qué bien proviene de afligir su cuerpo?

La mayoría de las personas no ven la necesidad de Dios en sus vidas. Al igual que el Rey Nabucodonosor, creen que ellos son responsables de sus talentos y habilidades. También se dan crédito a sí mismos por todo lo que tienen o hacen (Dan. 4:30). Debido a que son orgullosos y enaltecidos — vanos — no entienden que Dios les da vida y aliento (Job 12:9-10).

Incluso aquellos que pueden tratar de obedecer a Dios, que admiten que son débiles y necesitan la fuerza y orientación de Dios, pueden no entender completamente esto. Decir algo y comprenderlo totalmente son dos cosas diferentes.

Job se dio cuenta de esto después de un largo período de pruebas y aflicciones, cuando dijo, "De oídas te había oído [Dios]: pero ahora mis ojos te ven. Por tanto me aborrezco, y me arrepiento en polvo y ceniza" (42:5-6).

Su mente puede engañarle a pensar que está bien, que no necesita a Dios, o que está cerca de Él, cuando lo contrario es de hecho la verdad. Dios lo resume en Jeremías 17:9: "Engañoso es el corazón [la mente] más que todas las cosas, y perverso; ¿Quién lo conocerá?

¡Es fácil engañarse a uno mismo!

Un cristiano tratando de obedecer a Dios pelea una batalla constante. El apóstol Pablo explica: "Y si lo que no quiero, esto hago, apruebo que la ley es buena. De manera que ya no soy yo quien hace aquello, sino el pecado que mora en mí. Y yo sé que en mí, esto es, en mi carne, no mora el bien; porque el querer el bien está en mí, pero no el hacerlo" (Rom. 7:16-18).

Existe una mente en usted que simplemente no quiere obedecer: "Por cuanto los designios de la carne son enemistad [enemigos] contra Dios; porque no se sujetan a la ley de Dios, ni tampoco pueden" (Rom. 8:7). Tome este versículo por lo que dice. ¡Su mente física es, literalmente enemiga de Dios!

Pero si usted se humilla a través del ayuno, Dios está listo y puede ayudarle (Sal. 34:15). Cuanto usted siente el hambre y la sed, la magnitud de su dependencia de Dios se hace evidente. Entonces se da cuenta de cuánto necesita lo que Él ha creado — la tierra, la lluvia, y la comida física que nutren y producen — para sostener su vida temporal. Incluso el aire que respiramos proviene de Dios. ¿Cuánto tiempo podría existir sin algunos de éstos?

Cuán débiles e insignificantes nos sentimos cuando ayunamos — con mareos, falta de energía, con mal aliento y sintiendo bastante sed después de un día. Nos damos cuenta de lo mucho que desesperadamente necesitamos a Dios para mantener nuestra vida en todos los sentidos.

Sólo por el ayuno puede alguien darse cuenta lo mucho que necesita a Dios. Usted podría estar dispuesto a admitir esto sin ayuno, pero afligirse así mismo trae entendimiento — porque usted lo siente.

Humíllese

El ayuno le ayudará a acercarse más a Dios. El Rey David dijo, "Afligí con ayuno mi alma" (Sal. 35:13) — y Dios dijo que David era "un varón conforme a su corazón" (I Sam. 13:14; Hechos 13:22). ¿Y usted? ¿Es usted "conforme al corazón de Dios"? A menos que usted esté dispuesto a humillarse, no podrá estar cerca de su Creador.

¡Esto es importante! Fíjese en Santiago 4: "Dios resiste a los soberbios, y da gracia a los humildes" (vs. 6). Si usted es orgulloso — enaltecido, dependiente de sí mismo — Dios no va a escucharle ni a ayudarle. Él no puede y no va a trabajar con una mente orgullosa. Pero cuando ayuna, usted se humilla. Se acerca a Dios, y Él se acerca a usted. Si confía en Él para fuerza, Él lo exaltará.

Someterse a Dios — obedecerle — le da la fuerza para resistir al diablo. El ayuno ata a Satanás; no tendrá más remedio que huir de usted; Él no puede llegar a usted cuando está cerca de Dios.

¡Qué tan importante es esto para un hijo de Dios! Lea Santiago 4:7-10. Observe como habla de humillarse así mismo, con llanto y lamento: "Someteos, pues, a Dios; resistid al diablo, y huirá de vosotros. Acercaos a Dios, y él se acercará a vosotros. Pecadores, limpiad las manos; y vosotros los de doble ánimo, purificad vuestros corazones. Afligíos [ayunar] y lamentad, y llorad. Vuestra risa se convierta en lloro, y vuestro gozo en tristeza. Humillaos delante del Señor, y él os exaltará".

Todo esto es parte del ayuno. Haga esto, y en la medida en que usted se acerca a Dios, Él se acercará a usted.

¿Por qué los discípulos no ayunaron?

En Mateo 9:14-15, Cristo explicó el gran propósito de negarle a su cuerpo comida y bebida: "Entonces vinieron a él los discípulos de Juan, diciendo: ¿Por qué nosotros y los fariseos ayunamos muchas veces, y tus discípulos no ayunan? Jesús les dijo: ¿Acaso pueden los que están de bodas tener luto entre tanto que el esposo está con ellos? Pero vendrán días cuando el esposo les será quitado, y entonces ayunarán".

Cristo era Dios en la carne. ¡Él estaba aquí mismo! Sus discípulos habían tenido contacto cercano, todos los días con Él. Podían hacerle preguntas en cualquier momento. Y Cristo estaba allí, enseñándoles, ayudándoles y exhortándolos. Los discípulos podían tocar e incluso abrazar a Cristo — ¿Cuánto más cerca podrían haber estado? Por lo tanto, no había necesidad de que ayunarán.

Pero cuando Cristo regresó a la diestra del Padre en el cielo, el ayuno se volvió necesario. No fue tan fácil para los discípulos mantenerse sintonizados en el pensamiento de Cristo o ver su voluntad en sus vidas. Se acordaron de la advertencia de Cristo para ayunar, y al hacerlo, pudieron mantener y hacer crecer más allá el nivel de comprensión espiritual que habían logrado mientras Jesús estaba en la tierra.

Por lo que debemos ayunar hoy en día. Así como se nos manda a ayunar en el Día de Expiación, tenemos que ayunar con frecuencia (II Cor. 11:27), para permanecer en armonía con Dios y con Cristo.

Incluso Acab ayunó

La vida de un cristiano es una de superación. Es una vida de pruebas y tribulaciones. La "voluntad" humana no puede ayudarlo a lograr esto. Usted necesita la ayuda y la fuerza de Dios, las cuales el ayuno puede traer.

Estos son algunos ejemplos desde las páginas de la Biblia.

El profeta Elías había pasado muchos años testificándole al Rey Acab y la reino de Israel. Acab era un gobernante malvado, perverso, del cual Dios dijo, "A la verdad ninguno fue como Acab, que se vendió para hacer lo malo ante los ojos del Eterno…" (I Reyes. 21:25).

Elías le dio una última advertencia sobre lo que le sucedería a él y a su familia (vs. 20-24). Esta advertencia produjo resultados: "…rasgó [Acab] sus vestidos y puso cilicio sobre su carne, ayunó, y durmió en cilicio, y anduvo humillado [afligido]" (vs. 27).

¿Cuál fue la reacción de Dios? "¿No has visto cómo Acab se ha humillado delante de mí? Pues por cuanto se ha humillado delante de mí, no traeré el mal en sus días…" (vs. 29).

Una sincera actitud de arrepentimiento, humillarse ante Dios, y ayunar dan resultado. Si Dios tuvo piedad del malvado Acab, ¿Cuánto más escuchará las oraciones de sus hijos espiritualmente engendrados y les va a ayudar cuando ayunen en tiempo de necesidad?

Judá ayunó y Dios hirió un ejército

El Rey Josafat de Judá se enfrentó a una prueba enorme. Un gran ejército, formado por soldados de muchas naciones, invadió su reino.

¿Cómo reaccionó Josafat? II Crónicas 20:3-4 revela, "Entonces él tuvo temor; y Josafat humilló su rostro para consultar al Eterno, e hizo pregonar ayuno a todo Judá. Y se reunieron los de Judá para pedir socorro al Eterno: y también de todas las ciudades de Judá vinieron a pedir ayuda al Eterno".

La nación entera ayunó, buscando la intervención de Dios. Cuando vio su actitud humilde, Dios respondió. Les dijo que no temieran, que salieran al encuentro del ejército invasor y confiaran en que Dios iba a resolver las cosas.

Al día siguiente, Josafat y el pueblo descubrieron que Dios de hecho había intervenido. ¡Todo el ejército fue muerto! Dios en realidad volvió al ejército contra sí mismo, y ninguno quedó vivo.

Cuando enfrente tribulaciones y pruebas o peleas contra el pecado — cuando vea a Satanás y a sus ejércitos a las puertas de su ciudad — la necesidad de ayunar es grande. Así como Dios ayudó a Josafat, Él también le ayudará a usted.

El ayuno le muestra a Dios que usted está dispuesto a confiar en Su fuerza — no en la suya propia — para liberarle. Le enseña a usted a depender de Él para todo — fortaleza, ayuda para vencer el pecado, liberación de las pruebas, y oraciones respondidas.

Lea Daniel 9 para que vea como Daniel se afligió y humilló a sí mismo para que Dios le escuchara y respondiera su oración. Este gran siervo hizo una petición "en oración y ruego, en ayuno, cilicio y ceniza" (Dan. 9:3). Dios respondió enviando al arcángel Gabriel para ayudarle.

Dios escucha todas nuestras oraciones — si le obedecemos. Pero cuando la necesidad de una respuesta es grande, el ayuno, junto con la oración es muy eficaz (vea Marcos 9:25-29). Dios se da cuenta y responde cuando ve lo serio que es y qué tan importante es su estilo de vida para usted.

Ayune para buscar la voluntad de Dios

¿Quiere saber cuál es la voluntad de Dios — para usted o cualquier otra cosa? Entonces siga el ejemplo de Pablo.

Cuando Cristo derribó sobrenaturalmente a Pablo en el camino a Damasco, Pablo ayunó mientras esperaba para saber lo que Cristo quería que él hiciera — conocer su voluntad (Hechos 9:6-9).

Cuando enfrente decisiones importantes en su vida y necesite saber cuál es la voluntad de Dios sobre un asunto en particular,

¡ayune! acérquese a Dios. Estudie su Palabra. Lea y medite en todas las Escrituras que sean pertinentes a su asunto. Haga conocer su petición a Dios mediante la oración. Pida por su orientación y ayuda. Busque su voluntad y Él le mostrará lo que debe hacer.

La actitud correcta

Las personas en el mundo ayunan por muchas razones, pero casi ninguna lo hace con la actitud correcta. Ellos ayunan para hacer declaraciones políticas, o por ésta o aquella causa. O ayunan para forzar su voluntad sobre Dios. Durante un ayuno, debemos buscar la voluntad de Dios — ¡no la nuestra!

Entonces ¿Qué clase de actitud es la que Dios busca? La segunda mitad de Isaías 66:2 revela la respuesta: "…pero miraré a aquel que es pobre y humilde de espíritu, y que tiembla a mi palabra".

Isaías también registra lo que Dios pide para el ayuno: "¿No es más bien el ayuno que yo escogí, desatar las ligaduras de impiedad [huir del pecado], soltar las cargas de opresión [pruebas y tribulaciones]…y que rompáis todo yugo [la esclavitud del pecado]?" (58:6).

El ayuno es una gran herramienta de liberación, cuando usted está limitado por el pecado.

Como hacer un ayuno eficaz

•AYUNE CON FRECUENCIA:
Lea II Corintios 11:27. Mientras más ayune, más fácil será. Su cuerpo se irá acostumbrando a esto. En un sentido, la práctica hace la perfección. Mientras más ayune, más eficaz será. Pero tenga en cuenta que la actitud, no la frecuencia, es lo que verdaderamente cuenta.

•UN DÍA A LA VEZ:
Un ayuno efectivo debe continuar durante al menos 24 horas, haciendo que usted pierda al menos tres comidas. A veces, sin embargo, un ayuno más largo — de 2 o 3 días — puede ser necesario. Si este es el caso, no se enfoque en la duración del ayuno — sólo hará que parezca más largo. Y use la sabiduría. Sólo ayune por un periodo mayor de tres días si sigue asesoramiento profesional. Su ayuno puede empezar a cualquier hora, pero es más natural hacerlo de atardecer a atardecer. Además, recuerde que ayunar por una semana no necesariamente lo hace más espiritual que alguien que sólo ayunó por un día.

•HAGA EL TIEMPO:
El ayuno es raras veces conveniente. Usted debe sacar el tiempo para hacerlo. A veces, puede ser necesario llevar a cabo sus tareas diarias. Puede ser que usted tenga que trabajar. Pero el ayuno es mejor que se produzca en el tiempo libre. Ocasionalmente, el día de reposo puede ser utilizado como día

de ayuno. Pero esto no es ideal, porque el día de reposo es un día de fiesta.

•USE OTRAS HERRAMIENTAS CON EL AYUNO:
Perder el tiempo que invierte en el ayuno — sin estudiar, orar o meditar — reduce al ayuno a una simple huelga de hambre. Recuerde doblar al menos la cantidad de oraciones, estudio de la Biblia y la meditación que hace normalmente. Triplicarlos puede ser mejor. Si el ayuno es por una razón particular, asegúrese de revisar todas las escrituras que se aplican.

•PREPÁRESE ADECUADAMENTE:
Un día o dos antes de comenzar el ayuno, reduzca la cantidad de alimentos que come. Hartarse antes del ayuno no es prudente. Usted puede experimentar dolores de cabeza, debido a la falta de cafeína (especialmente si usted es un fuerte bebedor de café o bebidas gaseosas). Reduzca el consumo de estas bebidas con anticipación. También podrá experimentar mareos y mal aliento. Tenga en cuenta que su cuerpo va a estar eliminado toxinas; beber mucha agua antes de comenzar ayudará. Al reanudar la comida, comience con alimentos ligeros. No coma pesado de inmediato.

•TENGA LA APARIENCIA ADECUADA:
Recuerde lo que Cristo dijo en Mateo 6:16-18. Báñese o dúchese como usted lo haría normalmente. Peine su cabello. Vístase y actúe normal. Lavarse los dientes es permitido. Nadie

debería poder decir a causa de su apariencia que usted está ayunando — sólo Dios debería saber.

En los versículos 1-4, Dios condena a aquellos que ayunan por motivos egoístas, toman placer en su propio ayuno, o tiene una agenda política. Estas actitudes no son aceptables para Él. Estos tipos de ayunos no son más que huelgas de hambre.

El ayuno siempre debe lograr un buen fin. Debe ayudarle a ver que usted no es más que carne débil. Debe ayudarle a ver la necesidad de ayudar y servir a otros (vs. 7). Si usted ayuna con una actitud correcta, Dios promete grandes bendiciones (vs. 8-12).

Ayune en secreto

El ayuno no debe ser "por espectáculo". No es una prueba de espiritualidad. Cuánto tiempo y con qué frecuencia usted ayuna raramente debería ser mencionado a alguien. Nadie debería notar que está ayunando debido a su apariencia — no se debe notar en su rostro.

Jesús dio instrucciones claras de eso en Mateo 6:16-18: "Cuando ayunéis, no seáis austeros, como los hipócritas; porque ellos demudan sus rostros para mostrar a los hombres que ayunan; de cierto os digo que ya tienen su recompensa. Pero tú, cuando ayunes, unge tu cabeza y lava tu rostro, para no mostrar a los hombres que ayunas, sino a tu Padre que está en secreto; y tu Padre que ve en lo secreto te recompensará en público".

Usted debe lavarse la cara, peinarse el cabello, parecer normal. Sólo Dios debe sabe que está ayunando

Sin embargo, en ciertas ocasiones puede ser necesario para dos o más ayunar sobre el mismo asunto, por lo que mantenerlo para usted mismo será inevitable. Pero en general, sólo Dios debe saber que usted está ayunando.

Siempre recuerde que Jesús dijo, "Porque cualquiera que se enaltece, será humillado; y el que se humilla, será enaltecido" (Lucas 14:11). El ayuno debe ser más que simple hambre y sed. Debe ayudarle a ver más allá de lo físico, a los principios espirituales. Un cristiano no debe "vivir sólo de pan, sino de toda palabra que sale de la boca de Dios" (Mat. 4:4; vea también Juan 4:34; 6:26-27, 32-35, 50-51). Durante un ayuno, usted debería tener "hambre y sed de justicia" (Mat. 5:6).

Afligirse a sí mismo debería ayudarle poderosamente a acercarse a Dios, a estudiar (II Tim. 2:15) y meditar en su Palabra (Sal. 119:15, 23, 48, 78, 148) y a orar (I Cor. 7:5). Estas tres herramientas producen un ayuno eficaz.

El ayuno es una prueba para ver lo que usted pondrá primero — el hambre y la sed ("los deseos de la carne"), o un deseo humilde, de corazón para obedecer y someterse a sí mismo ante Dios y acercarse más a Él en todos los sentidos.

Negarse a sí mismo en una actitud humilde es arrepentimiento, no penitencia. No es una forma de expiar los pecados, sólo

Cristo puede hacer eso. Una persona humilde admite de buena gana que sus caminos están mal y que Dios tiene la razón. Busca los caminos de Dios y pide su ayuda, liberación, instrucción y orientación.

El ayuno por razones de salud

Observe lo que Dios dice que ocurre cuando ayuna: "Entonces nacerá tu luz como el alba, y tu salud se dejará ver presto; e irá tu justicia delante de ti, y la gloria del Eterno será tu retaguardia" (Isa. 58:8 versión Reina Valera 1909).

Muchos han notado ciertos beneficios que acompañan al ayuno. Por supuesto, puede ser beneficioso ayunar por razones físicas. Pero ayunos de salud, ayunos de jugos (la abstención de alimentos sólidos), y otros ayunos no deben ser confundidos con ayunos espirituales. Tales ayunos físicos no son adecuados para el Día de Expiación o en cualquier otro momento reservado para el ayuno espiritual.

Es natural para nuestro cuerpo estar sano. ¡Nuestros cuerpos no fueron hechos para estar enfermos! Cuando ataca una enfermedad, puede ser un momento adecuado para ayunar. Es posible que haya ingerido algunas bacterias causantes de enfermedades, tal vez de alimentos en mal estado.

En cualquier caso, la enfermedad resulta de cualquier tipo de pecado físico. Dios hizo el cuerpo humano; por lo tanto, Él sabe lo que es bueno para nuestro cuerpo. Dios creó leyes alimenticias que dan bendición cuando son obedecidas. Si son quebrantadas, traen maldiciones — enfermedades, dolencias y males. Con demasiada frecuencia, la humanidad viola estas leyes — al igual que rechazan las leyes espirituales de Dios. Las personas a menudo comen mucho de un tipo de comida y no suficiente de otras; o comemos alimentos equivocados por completo. Romper las leyes dietéticas trae como resultado enfermedad.

¡Por eso, cuando se encuentre enfermo, deje de comer!

¿Por qué? Deje de comer lo que lo hizo enfermarse — deje de infringir las leyes divinas de la salud — deje de pecar.

Pero entienda: El ayuno no sana — sólo Dios lo hace, a través Jesucristo (I Pedro 2:24; Isa. 53:5; Santiago 5:14-16). En estos casos, el ayuno hace que deje de pecar físicamente. Arrepiéntase y Dios le sanará.

Las recompensas del ayuno

El ayuno adecuado cosechará grandes recompensas, tanto físicas como espirituales. Utilizado adecuadamente, le llevará más cerca de Dios, a conocer su voluntad, guía, dirección, ayuda, fuerza, y liberación.

Ahora usted puede ver por qué el ayuno es una herramienta tan esencial en la superación y el crecimiento cristiano.

¡Queremos ayudar a nuevos escritores!
Si deseas publicar un libro comunícate con nosotros estamos para servirte.
Facebook:
www.facebook.com/BigDreamsEditorial

Si este libro
Ha sido de bendición para tu vida &
ministerio envianos tus testimonios
Visitando:

WWW.MADELYNELIVENT.ORG

Sigue a la apóstol & profeta Madelyne Livent atraves de las redes sociales

www.facebook.com/profetamadelynelivent
Twitter: @madelynelivent

www.ingramcontent.com/pod-product-compliance
Lightning Source LLC
Chambersburg PA
CBHW062003180426
43198CB00036B/2163